何婕

著

书单更新

华东师范大学出版社

图书在版编目(CIP)数据

书单更新/何婕著.—上海:华东师范大学出版社,2017
ISBN 978-7-5675-6835-8

Ⅰ.①书…Ⅱ.①何…Ⅲ.①推荐书目Ⅳ.Z835

中国版本图书馆 CIP 数据核字 (2017) 第 207447 号

书单更新

著　　者　何　婕
责任编辑　顾晓清
项目编辑　曹婷婷
装帧设计　卢晓红

出版发行　华东师范大学出版社
社　　址　上海市中山北路 3663 号　邮编　200062
网　　址　www.ecnupress.com.cn
电　　话　021 - 60821666
邮购电话　021 - 62869887
网　　店　http://hdsdcbs.tmall.com/

印 刷 者　上海盛通时代印刷有限公司
开　　本　787×1092 32 开
印　　张　6.75
字　　数　82 千字
版　　次　2017 年 10 月第 1 版
印　　次　2017 年 12 月第 2 次
书　　号　978-7-5675-6835-8/G.10576
定　　价　39.00 元

出 版 人　王　焰

(如发现本版图书有印订质量问题,请寄回本社市场部调换或电话 021-62865537 联系)

目录

《日本新中产阶级》:六十年前的报告今天怎么读 / 1

《天气改变了历史》:那些改变历史的偶然 / 7

《当科学遇见电影》:未来就在眼前 / 13

《文学天才的博物之旅》:飞越沧海的蝴蝶 / 19

《匠人》:远去的匠人 消逝的农村 / 24

《音乐神童加工厂》:"天才表演家"的背后故事 / 30

《伊斯坦布尔》:一座城市的记忆与忧伤 / 37

《让我们害怕的食物:美国食物恐慌小史》:食品让我们愉悦还是焦虑 / 43

《华语短经典》:用简约的手法书写这个复杂的世界 / 48

《最好的抉择》:面对疾病时,有没有最好选择? / 57

《我的晃荡的青春》:东野圭吾的"野蛮生长"史 / 63

《情报的艺术》:美国中情局的"秘密世界" / 71

《蛤蟆的油》:黑泽明的自传 / 77

《丝绸之路:一部全新的世界史》:世界的中心在哪里? / 83

《你们无法得到我的恨》:巴黎恐袭后的日子 / 89

《非洲手记》:在游记里看世界 / 95

《巨匠的技与心》:原来那些年的日料都白吃了 / 101

《艾希曼在耶路撒冷》：一份关于平庸的恶的报告 / 107

《巨人的陨落》：遥远的历史就这样站在你面前 / 114

《浮生六记》：一部写给中年人的作品 / 121

《好绘本如何好》：亲子阅读也需要指南 / 127

《山是山水是水》：群山静默 只是平常无事 / 133

《北鸢》：乱世里的一线生机 / 138

《假作真时》：遗忘之前 讲述之后 / 145

《活着为了讲述》：魔幻本是现实 / 151

《回望》：向过去要未来的答案 / 157

《我的职业是小说家》：如何让孤独变得不孤独 / 162

《莎士比亚》：不普通的普通人 / 166

《动物园长的夫人》：艰难时世的传奇 / 170

《大英博物馆世界简史》：当我们看展览的时候在看什么 / 177

《乡下人的悲歌》：另一个美国 / 183

《冷暴力》：看不见的伤害 / 189

《火花》：哪怕是火花也要畅快燃烧 / 195

《小说课》：一堂与众不同的解剖课 / 201

选书有道	尽管这本书写的是差不多六十年前的日本，但对日本社会的认知、对中产阶级在社会生活中的角色等命题的观察，在今天读来依然有意义。

《日本新中产阶级》：
六十年前的报告今天怎么读

在书店里之所以注意到这本书，因为作者是傅高义。几年前出版的他的作品《邓小平时代》还是很有吸引力的。别看这名字里有个新字，事实上，《日本新中产阶级》是他在20世纪50年代末期在日本做的一个田野调查的报告。我的感受是，尽管这本书写的是差不多六十年前的日本，但对日本社会的认知、对中产阶级在社会生活中的角色等命题的观察，在今天读来依然有意义。

上世纪50年代，日本经济已经进入高速发展，"新中产阶级"也随之出现。所谓"新中产阶级"，换个名字就是"工薪族"，特指在公司或政府机关等较大科层机构里工作的白领工作人员。他们工作相对稳定，薪水比其他阶层高一些，对时人很有吸引力。如何进入这个阶层？这个阶层的产生给整个日本社会的结构、文化带来了哪些变化？傅高义与妻子用两年的时间密切观察日本东京郊区的几户工薪族家庭，得出了这份详尽的调查报告。这两年的亲密接触使他们与这些家庭成为朋友，在其后的几十年时间里都还有联络与往来，这也使得报告的时间跨度事实上从两年变成更长。

报告中最为吸引当今读者的恐怕是教育这部分。尽管隔着六十年的时空差异，教育这个话题依然能轻而易举获得现代人的共鸣。

想要成为工薪族的一员，好的教育背景相当重要，唯有如此，才能相对容易进入大企业、大公司。被观察家庭对于教育的重视程度，极为惊人。人人都希望进一所好的学校，大学中学小学，甚至

> 我一直对几位人类学教授的告诫深信不疑,他们说理论和方法来来往往,但优秀的民族志却亘古长存,因为它会作为身处某一特定历史时期中的某一地方的画卷保留下来。

幼儿园开始就有竞争,据说那时的东京,还出现了一些专门的学校,辅导那些三四岁的幼儿参加幼儿园的入园考试。当时社会上有个共同的观念,孩子的成败,也是父母的成败。当听一个母亲说起孩子考试的情况时,人们甚至觉得,她正在经受比考生本人更大的折磨……母亲在日常教育学习中的角色非常投入而全面,用作者的话说,"除了打分,她几乎做了老师做的每一件事"。

家庭与社区的关系也在那时出现了变化:传统的日本家庭还有守望相助的传统,在工薪族家庭里,这种传统弱化了。父亲更多的社交往来都跟工作时的伙伴进行(正如人们所熟知的,下班后职员们依然要跟同伴参与娱乐活动,不参加这种活动的人,就很难进入公司的各种"圈"),他们很少跟邻居互动,也不参与妻子朋友的社交。"工薪族夫妻双方的朋友之间全不相干。"

在这种情况下,女性在家庭中的角色又是怎样呢?除了刚才说到的全力投入教育的部分之外,作者还观察到,主妇在家里尽心照顾家庭成员,甚至"待丈夫如同长子"。报告也说到了日本新中产阶级的婆媳关系,"有些日本人已经发现:婆媳关系在美国是一出喜剧,而在日本则是一场悲剧"。可能这么形容有些夸张,但作者认为,对于这个群体来说,新型的婆媳关系并未产生,依然依赖于家庭成员个人的调节能力,因此摩擦也就难以避免了。但是总体而言,工薪族女性对自己的社会、家庭身份认知还是"基本满意",妻子们觉得"她们奉献了一切,比丈夫生活得更艰难。但是,考虑到她们狭小天地以外的世界如此严峻,以内的世界却如此放松并受其掌控,以至于她们更愿意留在家里做好妻子并照顾好子女"。对应当下一些女性的选择,似乎也有不少相通之处。

日本新中产阶级有焦虑吗?答案是有的。在教育环节,焦虑毫无疑问是存在的,"大多母亲并非有意识地打算加重孩子的焦虑情绪。

在渴望孩子成功、希望激发孩子配合自己的积极性的过程中,母亲几近本能地制造出这种焦虑感"。而在调查完成的三十年后,也就是1988至1989年,傅高义的妻子再返日本,她发现工薪族正在感受生活富裕带来的压力——丈夫们成为工作狂,职场压力巨大;孩子们成日看不到父亲,很少享受亲子时光,这影响了家庭亲密关系的形成;而考试遍布社会的每一个角落,教育的压力没有最大,只有更大,青少年因此产生暴力行为,攻击的对象往往是父母……老龄人口越来越多,老人看护问题也成为工薪族家庭的争议焦点,因为家庭结构、家族制度与三十年前相比都发生了巨大变化。变化还发生在女性身上,"如今的女性焕发活力,熠熠生辉,而男性却没什么选择,只能埋头读书、勤勉工作"。

凡此种种,构成了日本新中产阶级的各个侧面。

傅高义是美国人,他站在美国人的视角上,对东亚文化以及社会进行观察。虽然这是一本严肃的学术专著,但还是能读出傅高义对日本的个人情感。另外,虽然这是一份社会学的调查报告,可读性却很强,不管是研究人员或是普通读者,都能从中读出味道。

> **选书有道**
>
> 整个人类其实都在"看天吃饭",历史进程也不例外。雨水有能力改变我们的心情、政治观、入院治疗,甚至还能改变历史。人类往往进行自以为周密的设计与安排,最后却被天气这个因素改变了事件的走向,让人不禁感慨:我们每一个人只是这个复杂而彼此息息相关的体系中的一分子。

《天气改变了历史》:
那些改变历史的偶然

历史似乎总有宏大叙事,然而细究历史,我们发现,决定历史往这里走而不是往那里走的原因,往往是一些偶然因素。正是这些偶然加诸必然之上,写就了历史,而这种偶然,包括"天气"。

诺曼底登陆举世闻名,盟军由此开辟了欧洲的另一个战场,直接牵制德军的战斗力,从而逐渐扭转战局。而盟军的计划是要将数百万人的部队投送到法国的海滩,从那里入境。这么庞大的运输规模,当然需要良好的天气,比如,登陆时至少要有5公里的能见度,风不能太大,海面比较平静;适宜的天气最好能持续一阵子,这样才有足够的时间让部队登陆并且守住滩礁等等。

正是因为天气在行动计划中有着至关重要的作用,所以寻找合适的日子,就成了无数气象工作者的任务。专门负责 D-day 攻击的气象观察员是从英国气象局、皇家海军以及美国陆军航空队挑选出来的,彼此独立工作,给出自己的分析报告以及建议。由于美国人与英国人的天气分析方法不一样,所以经常出现对立的结果。

根据分析,理想的攻击时期是春天,4 月的好天气概率是 40%,5 月的好天气概率是 30%,然而因为要集结更多兵力,最后计划延迟到 6 月。6 月的攻击时间有两个,第一个是 6 月 4 日、5 日、6 日三天,如果这三天不成,后备的时间是 6 月 19 日。

计划永远赶不上变化。6 月的 4 日、5 日连续都是暴风雨天气,预测显示在 6 日黎明的几小时内会有好一点的天气,但是温度会急剧降低,同样会增加登陆的难度,最后,三个气象预测中心以 2 比 1 的结果,建议攻击选在 6 日黎明的那个时间。这是个大胆的决定,

> 据说在 1645 年到 1715 年年间,大陆遭遇"小冰河期"的气温骤降,这寒冷的趋势使得树木生长尤为缓慢,木头因而长得稠密而强韧。斯特拉迪瓦里的小提琴大约制成于 1666 年到 1737 年年间,用的正是遭遇了寒冷期的云杉木。大师的技术固然很难再现,同样难以再现的是那样的天气,这也是好琴如此珍贵的原因。

大胆到艾森豪威尔在行动前就准备好了行动失败后该说的话,万一失败了就进行发布。

4日、5日连续的暴风雨天气让德军巡逻队和侦察机没能探测到盟军的准备行动,而德军也自大地认为,既然己方如此不便行动,盟军也应该不会发动军事攻击。与此同时,盟军还制造了在其它地方调动兵力的假象,让德军安心,所以隆美尔居然抽空在 6 号给妻子庆祝生日去了!

登陆当然很惨烈,尤其在奥马哈海滩,德军从高向下射击,给盟军的平面登陆造成巨大阻力,最后,美军以死亡 1465 人、伤 3184 人、失踪 1928 人的代价拿下了这个海滩。

合上诺曼底登陆这一页,人们发现,幸亏盟军大胆地抓住了 6 日凌晨那几小时的时间窗口,否则如果计划拖延至 6 月 19 日,历史将完全改写。因为 6 月 19 日那几天诺曼底遭遇了连续 4 天的暴雨侵袭，就算盟军能登陆，补给品也上不了岸，而如果时间再往下拖，德军可能就会发现盟军在诺曼底一带的运动，兵力就会向这边集结，结果就完全不一样。6月4日、5日、6日的天气，先是暴雨而后短暂好转，正是那一点点变化，改变了一切。

说到战争，俄罗斯曾经遭受过多次战争，但是天气帮了当地人大忙。比如在1709年，瑞典国王查理十二世想要征服俄国，结果寒冷的冬天将瑞典士兵冻僵、拉大炮的牛马冻死、火药打湿，士兵们九死一生，几乎全军覆没。而拿破仑在1812年想要攻打俄国时，一则他觉得自己战绩不败，二则觉得自己已经吸取了瑞典人的教训，所以准备了60万大军，想把俄国一举拿下。结果最后，拿破仑发现，俄国除了寒冬，还有酷暑，间或暴雨。法国军队前进，俄国军队就后退，拖了两个月后，什么仗也没打，拿破仑军队已经减员10万人。法国人继续前进，俄国人继续后退，广袤的土地给了俄罗斯人足够的后退空间,又拖了几个月,冬天来临,瑞典人的命运再次降临在法国人头上,60万人入侵俄国,只有3万人活着离开。随后,1814年,滑铁卢战役发生,拿破仑王朝结束。

跟查理十二世、拿破仑命运一样的,还有希特勒。当然,战争胜利是当地人付出极其巨大牺牲才获得的,但是不可否认的是,气候有举足轻重的力量。

除了影响战争,天气影响的事情还有很多。说点轻松的。

很多人知道,斯特拉迪瓦里琴是小提琴中的名品,大师安东尼奥·斯特拉迪瓦里一生制作了540把小提琴,以音色圆润浑厚著称。做琴当然有很多专业技巧,然而所用的木头材质则是根本,斯特拉迪瓦里琴的音色直接取决于所用的木头,而这木头之所以那么好,则跟天气有关系。

据说在1645年到1715年之间,地球遭遇"小冰河期",气温骤降，这寒冷的趋势使得树木生长尤为缓慢，木头因而长得稠密而强韧。斯特拉迪瓦里的小提琴大约制成于1666年到1737年之间，用的正是遭遇了寒冷期的云杉木。大师的技术固然很难再现，同样难以再现的是那样的天气，这也是好琴如此珍贵的原因。

当然，天气改变的历史岂止这些，整个人类其实都在"看天吃饭"，历史进程也不例外。风的威力可以塑造国家或文化。阴暗的天空会影响到我们的态度和期望。雨水有能力改变我们的心情、政治观、入院治疗，甚至还能改变历史。人类往往进行自以为周密的设计与安排，最后却被天气这个因素改变了事件的走向，产生意想不到的后果，这些足以让人对"历史的偶然"产生好奇与感慨：我们每一个人只是这个复杂而彼此息息相关的体系中的一分子。

> **选书有道**
>
> 科学顾问最有意义的地方,还不仅是为电影故事里的某些场景提供科学解释。对有的学者来说,电影里的模型可能就是他的实验模型。做实验需要经费,建立研究模型也需要经费,如果电影故事与研究模型可以完美结合,拍电影的过程就是在验证某种理论,那么一切就都顺理成章了。

《当科学遇见电影》:
未来就在眼前

当科学步入好莱坞,我们看见了什么?是《侏罗纪公园》里仿如真实的恐龙,还是《后天》里令人瞠目的灾难场景,或是《火星救援》里的陌生星球求生历险?

很难想象如果没有科学真实性的存在,这些电影能够获得市场的巨大反响与回报。尽管观众并不是因为这些电影"很科学"、"很真实"才买的单,因为大家对纯科学的电影并没有太大兴趣,但是这些好莱坞的科幻电影"像真的一样"却是公认的,以至于人们如今在看到某种灾难场面的时候会惊叹,天哪,跟《后天》一样……

而类似电影之所以可以既接近科学真实性又兼顾娱乐性,是因为在好莱坞的制作流程里,科学顾问与制作人,有良性的互动。

曾有一位海洋生物学家给《海底总动员》的动画师们做讲座,直言电影中最无法忍受的错误就是一种巨型海藻被画在珊瑚礁上,而这种海藻实际上只生长在寒冷的水域里。这个回答令制作者极为不安,于是他们花了很长时间把每个镜头中的每一个藻体都抹去了,最终观众不曾在《海底总动员》里看到它们。动画师们深刻明白,真实性是影片的重要看点,如果有一个可能会破坏影片整体科学性的瑕疵,可能就会破坏影片的美誉度,进而影响市场。

科学真实性不一定就和票房成功划等号,但是不真实性必然会影响票房与市场认可。科学顾问的存在,就是为了解决电影里的科学真实性问题,让一件事情"看起来是真的"。科学题材电影的生产团队对科学顾问十分尊重,而顾问要在保护故事可看性的基础上,想办法使其中出现的科学理论与体系"自圆其说"。

> 我把这些详尽的方案给李安看。当他不喜欢某种东西时,他表现出这样的表情:他双眼微皱,是他的双眼,不是他的嘴巴,然后他说:"那么,浩克是植物吗?"你明白了吧,这并不是一个好主意,你只能逃回办公室,再想想其他的解释。

尽管制作团队会邀请顶尖的学者为自己的选题助阵,但这并不意味着科学家看在钱的面子上就会"趋之若鹜",乃至为了配合剧情而"胡说八道"。在合作时双方依然非常谨慎与严谨,成功的剧作背后是彼此的信任与尊重。人们可能好奇顶尖的学者为什么有兴趣与电影团队合作。当然,并不是所有学者都愿意合作;但当团队有足够诚意提供足够资源与学者一起讲好故事的时候,就会出现想象力与实证、艺术的美妙结合。

科学顾问最有意义的地方,还不仅是为电影故事里的某些场景提供科学解释。对有的学者来说,电影里的模型可能就是他的实验模型,一旦成功,影响不言而喻。做实验需要经费,建立研究模型也需要经费,如果电影故事与研究模型可以完美结合,拍电影的过程就是在验证某种理论,那么一切就都顺理成章了。而科学顾问在一些电影故事里展现出的高度前瞻性与预测能力,事后去看,确实是惊人的。

1981年，在电影《起点》中，观众见证了首例成功的永久性人工心脏移植，剧中角色是一位20岁的女子，而世界上真正的第一例永久性人工心脏移植手术发生在1982年，也就是影片上映后的第二年。

汤姆·克鲁斯主演的电影《少数派报告》中，科学顾问给剧中角色设计了一整套的人机手势指令。电影放映之后，他的手势人机界面迅速成为交互技术的讨论热点，无数从这部电影中看到某项技术的个人、组织来联系科学顾问，看是否可以有开发的机会……这个设计促成了这位科学顾问和军工巨头雷神公司的合作。

制作公司在科学顾问团队那里获取的不是单一的信息，比如拍摄《天地大冲撞》前，参与讨论的有6位科学顾问，包括前宇航员、NASA前宇宙飞行指挥员、天文学家、天体物理学家等。在拍《少数派报告》前,导演斯皮尔伯格与23名来自各个领域的专家进行了专题讨论,如物理学、城市规划、建筑学、工程学与计算机科学等等。

与科学顾问严谨、广泛的接触,是制作团队做出好看的科幻电影的要素之一。

如果单单从学者那里获得科学理论,那么电影可能显得科学性有余而娱乐性不足。事实上,为了让电影里出现的科学家的行为举止"像"科学家,制作者不仅关注角色扮演者的动作、语言到不到位,还关注其专业之外的表现,最后发现科学家在生活中就是一个普通人。而这一点,也算得上是非常关键,因为正是这些发现,没有让他们把科学家塑造成一个完美的英雄脸谱,而是活生生的人。

一位研究鸭嘴龙的顶尖专家在《侏罗纪公园》制作前曾接受制片人的咨询,他以为会被问很多关于恐龙的问题,但结果得到的问题是,"如果你把它挖掘出来,你会怎么想?"另外,一位古生物学家被问到如果走到墙角看见一只恐龙会作什么反应,他的回答是,"我会尿裤子,晕倒。"这些出乎意料的回答把科学家接上了地气,在科学研究与生活之间划出了一条恰到好处的分割线,因而显得非常真实。

不过科幻电影毕竟不是科学纪录片,虽然科学顾问在保证科学性上起了很大作用,但是电影还是有其虚拟的特质,并不是每一样在电影中出现的原型或模型都是准确无误的,有时候也会给艺术性或电影的其它需求让路,但前提条件是,不会有损电影价值。

当科学遇到电影,究竟价值何在?答案当然不局限于电影本身的收获。通过科幻电影,科学家们能够将科学思想与观点有效地传播给专业领域以外的观众,激发公众产生对研究议题或新兴技术的兴趣,这是一件对全社会都有意义的事情。

> **选书有道**
>
> 对一样东西痴迷,并不代表就一定有相关成就。纳博科夫的过人之处就在于,在强大的兴趣推动下,他以严肃的态度从事蝴蝶研究,将文学创作与蝴蝶研究结合得非常美妙。发现美、感知美,需要能力;而将这种发现与感知具象化,则需要技巧与科学。

《文学天才的博物之旅》:
飞越沧海的蝴蝶

纳博科夫是一位著名作家,也是重要的博物学家,终其一生都表现出了对蝴蝶研究的巨大兴趣。但由于他的文学作品极负盛名,人们反而不愿相信他的博物学成就,事实上,后者也达到了惊人的高度。

在他的文学作品里,最引起轰动的是 1958 年问世的小说《洛丽塔》。小说的魅力自不待言,兰登书屋曾经评选过 20 世纪百部最佳英语小说,《洛丽塔》名列第四,据说评委们私底下是把它评为第一的。

而他在蝴蝶研究方面的成就是什么呢?人们公认他是全世界一流的鳞翅目研究专家。虽然他并没有生物学学位,没有科班出身的研究背景,但他凭借极强的兴趣与出色的天赋,对蝴蝶进行了深刻的观察与研究。其中一项,是将蝴蝶科学地进行了分类,其中一些分类方法因其科学与严谨,至今未被更替;他曾在1945年提出一个假说,他在南美洲发现的某些品种的蝴蝶是从白令海峡迁移过去的,这是从博物学层面给出的猜测,一直到半个多世纪后,这个猜测才得到证明,这表明了他极富远见的洞察力。除此之外,他对蝴蝶进行描述的文字更是难以被超越。

人们通常很难想象一个优秀作家拥有如此另类的爱好和惊人的成就,这还得从他的生活变迁说起。

1899年,纳博科夫生于圣彼得堡,家境极其富裕。父亲是文艺复兴人士,也是蝴蝶收藏家。母亲这边有着浓厚的从事研究的家族传统,纳博科夫的外曾祖父是俄罗斯皇家医学院的首任院长,外祖母请人专门来教自己的女儿也就是纳博科夫的母亲做博物研究,还辟出一间屋子做化学实验室。出生在这种家庭环境中的纳博科夫,

> 有时，鳞翅目昆虫学与文学的交叉似乎是一种纳博科夫式的私人玩笑，一种烙有神秘的纳博科夫式印记的改编，这在《洛丽塔》里表现最明显。如果读者和纳博科夫抛弃洛丽塔是小女孩版的蝴蝶，而亨伯特是一个可怕的鳞翅目昆虫学家的观念的话，文中隐藏着许多分类学及鳞翅目昆虫学的欢快而有趣的段子。

从小就培养了对蝴蝶以及文学的浓厚兴趣。

1917 年，俄国革命发生，田园生活戛然而止，纳博科夫失去了家族巨额财富，走上了流亡的道路，在很长的一段时间里为生存以及养家糊口而拼搏。从圣彼得堡到克里米亚，从欧洲到美国，一直到 20 世纪 50 年代他的文学出版达到高峰，经济条件才得到改善。在为生计奔波的漫长岁月里，他始终没有放弃对蝴蝶的热爱，甚至是迷恋。他曾经于 1941 年在哈佛大学比较动物学博物馆工作，每周只需工作三天半，但他每天花十四个小时研究昆虫，以至于视力严重受损。纳博科夫成名是在美国，但在人生的最后阶段，他还是回到了欧洲。在离世前的最后十八年，他居住在瑞士的一片山区，他最爱的蝴蝶采集地点，而这里的植被与地貌跟他幼年时期圣彼得堡附近的家乡极其相似。

对一样东西痴迷，并不代表就一定有相关成就。纳博科夫的过人之处就在于,在强大的兴趣推动下,他以严肃的态度从事蝴蝶研究。文学创作与蝴蝶研究都既有艺术性又有科学性,他是将之结合得最好的人。发现美、感知美,需要能力;而将这种发现与感知具象化,则需要技巧与科学。

有观点认为,传统的博物学,也就是人类与大自然打交道的一种古老的适应于环境的学问,已经没有存在的必要了。相比其它强势文化,博物学文化如今显得低调、无用。然而,世界上的很多物种正在消失,如果没有博物学,用纳博科夫的话说,"就不会有人知道它曾经在世界上存在过"。是啊,有多少物种我们终其一生根本无缘相见、无从听说,我们生活的星球到底有多少我们不曾谋面的邻居,我们不得而知,而博物学尽可能地说出了一些答案,留下历史的只言片语。

从事这样的研究是孤独的,那是把人独自置身于冰川的孤独。但是享受这种孤独却能带给人极大的快乐,因为这种快乐建立在深植于心的审美能力与智慧之上。艺术与科学有时看上去是"无用"的,将"无用"的东西研究出名堂,体现的恰恰是人类的审美与智慧,这也正是纳博科夫的蝴蝶研究最吸引人的地方。

童年时期丰富自由、青年时期颠沛流离,在时代变迁里失去家人与巨额财富,遭遇各种伤痛与打击,纳博科夫依然凭借着自己的艺术与科学天赋在中年得以安身立命。他对物质没有太大追求,他的居所也非常简朴。他与妻子感情深厚,生活淡泊安宁,唯一投入绝对热情的就是文学创作与蝴蝶研究。

人们熟知的蝴蝶的运动大多是在围绕花丛上下飞舞。的确,大部分种类的蝴蝶飞行距离不会超过几百米,然而有的蝴蝶却可以飞越大洋。纳博科夫的一生正如他钟爱的蝴蝶一般,无论经历了怎样的人生险境,最终都飞越沧海。当他最后回到与家乡风景非常相近的地方终老时,内心该是何等宁静。

> **选书有道**
>
> 初看"匠人"二字,以为说的是匠人的手艺活,看完方知,手艺只是其中非常微小的部分。与其说是写手艺,不如说是在写生活,手艺只是养家糊口的手段,真正的悲喜远在手艺之外。

《匠人》:
远去的匠人　消逝的农村

铁匠、木匠、篾匠、雕匠、扎纸匠、裁衣(裁缝)、修锅匠、剃头匠……这些匠人在以前农村是必备的行当。他们是手艺人,也是村里的一部分。若论一般的小村,未见得有那么多品种齐全的匠人,而苏北高港附近、长江拐弯处的申村却是有两万多人的大村,各种需求也给了匠人靠手艺吃饭的空间。

十五位匠人的故事,虽是独立成篇,但人物关系却彼此交错,谁也不独立于他人的生活之外。匠人们来了又去,之前没有写给他们的片言只语,似乎没有谁在历史上留下过痕迹,但是此后,人们会记住苏北的这个申村,记住那里曾经活过的这些人。他们身上那些滚烫的故事,是人们心头的记忆,也是历史的一部分。

雕匠喜欢上了村里的寡妇,而寡妇的公公是扎纸匠,公公当然不同意两人来往,寡妇郁郁而终,雕匠搬进土地庙,孤身直至老死。他雕了土地公与土地婆的像,最后人们发现,那似笑非笑的,竟就是雕匠与寡妇的模样。

铁匠家与裁衣家有世仇,铁匠在打土豪分田地的年月翻身做了主任,以"试图勾结国民党反动派报复共产党"为由告发裁衣,裁衣被处死时26岁,儿子13个月。而铁匠呢?铁匠虽然活到80岁,但一生悲惨无比,家人少有善终。

剃头匠独自住在村后的河边,家徒四壁,但村里人对剃头匠的尊重竟胜过村长,也超过对其他手艺人的尊重。因他年轻时在外,曾被荐去给日本人剃头,有天,趁日本人睡着,剃头匠的剃刀无声地滑向他的咽喉,之后收拾工具、带好门,跟哨兵打完招呼,离去。

> 申村的人们呢，会在未来的一年里，随便哪一天，趁豆腐匠哪天空闲了，请他来家吃一顿。这一顿要专门请他，他坐主席。其他的人，村长或者有名望的长者，或者别的什么特别之人，只能坐次席作陪。这是豆腐匠最有面子的时候，平时不喝酒的他，只有这时才喝上两杯。就两杯，不贪，不醉。

日后回村，给村民剃一辈子的头，村民敬他，认侠义的理。

木匠是方圆百里最好的，做了将近三十年的出色木工，却在1958年骤然停止。村里不再需要木工，即便需要，也是一些不入流的行当，在木匠看来，这是一种侮辱，于是他选择"罢工"，罢工三十五年后，木匠无疾而终。

扎灯匠从二十多岁起扎花灯，生活本也波澜不惊，但到了65岁那年，突然洗手不干，做起了"拉瞎子"的营生。瞎子走街串巷给人算命，扎灯匠就在前面用竹竿牵着瞎子，这事儿与扎花灯相比，很不体面，扎灯匠面对嘲讽与不解的目光，却不为所动。原来，瞎子是他曾经的恩人。65岁，他与恩人重逢，其后就陪恩人一起讨生活十六年。扎灯匠去世的冬天，瞎子也随他而去。

……

初看"匠人"二字，以为说的是匠人的手艺活，看完方知，手艺只是其中非常微小的部分，提及手艺具体流程的，似乎只有豆腐匠等几篇，寥寥数语而已。与其说是写手艺，不如说是在写生活，手艺只是养家糊口的手段，真正的悲喜远在手艺之外。匠人们的生活与普通村民并无二致，不同在于，他们与他人来往更多，因而生出更多故事，故事更为人们所知，这些故事也更深刻地描绘出农村生活曾经的图景。

　　故事里有刻骨的爱情，也有沉默的相守；有怜悯的接济，也有恶毒的诅咒；有明白的恩情，也有执着的报复；有清高的骄傲，也有无奈的妥协；有不离不弃的忠诚，也有鲜血淋漓的背叛。这是纵横交错的故事，也是触目惊心的生活；这是无可奈何的消逝，也是呼啸而来的变革。

　　哪个匠人身上没有故事？难就难在把故事记下来。不过，故事里的细节太过鲜活，使我深感纳闷，因为客观来说，还原事件中人物的具体动作、具体言语是很难的,尤其在这些事情已经过去几十年、并无文字记载的情况下。但是一则有作者自小的回忆,二则有长者口述,仍可还原大概面貌与人物的来龙去脉,也仍使作品总体上可被接受。这个"大概",也就是几十年来,甚至在更长的时间维度里,中国部分乡村生活的样子。

匠人的没落,源自生活与社会结构的变化,就像社会上其它工种的消失与产生一样;然而,他们并不是单纯的符号,他们是活生生的血肉,也有着七情六欲。对他们的怀念,不单单是对一个群体的回忆,他们就是同族人、同村人、身边人,他们就是另一个自己。写下匠人们的故事,既是对消逝的农村生活的怀念,也是对自己来路的怀念,更是安放未来自己的途径。

如今的农村,消失的岂止是匠人。当农村的面貌被重组,当村里只剩老幼妇孺,当一切熟悉的生活方式全都改变,你会发现,消逝的,就是"农村"自己。此书的装帧设计非常特别,封面通体皆黑,全书的纸边也是黑的,厚重、古朴,可能是想说,尽管有那么多抓不住的变化,但依然不妨碍我们在内心与回忆重逢,独自追想,寻求答案。

选书有道 | 合上此书，你会发现小提琴独奏者的成长道路充满艰险，伴随着无数的汗水泪水与犹豫痛苦。随着技术的提升，他们拥有非凡的天赋，更拥有非凡的经历，值得所有人尊重。

《音乐神童加工厂》：
"天才表演家"的背后故事

儿童如何走上音乐之路？音乐神童如何经历古典乐精英圈的社会化过程，成为一名独奏者？除了音乐教师，还有哪些人士在打造优秀音乐家的过程中扮演了不可或缺的角色？伊莎贝拉·瓦格纳教授在她 2006 年完成的博士论文里，回答了这些问题。出身于波兰音乐世家的她，以独特的专业优势完成了一系列出色的田野调查。

瓦格纳完整地记录下了七年间与 40 名独奏学生、11 位老师、14 位家长、3 位伴奏者、2 名音乐会组织者、2 名指挥、4 名教师助手、4 位小提琴制作师以及 1 名录音师的访谈录音，此外还有 6 名中途从独奏道路上退出的小提琴手的访谈录音，许多次与行业中相关人士的非正式交谈、诸多独奏家的传记或回忆录,也都成为作者写作的资料来源。

读完此书,小提琴独奏者的成长路径清晰浮现,他的音乐精英之路可能是这样的:有可能在三四岁,他就因为自身的某种天赋,或者父母的某种意愿而接触小提琴,之后开始请专业老师教授技法,开始参与一些比赛。儿童在比赛中获奖会特别引人关注。然而几年之后,当儿童期的收获结束,很多独奏奋斗者在青春期会产生严重的自我怀疑,有人会退出,有人会痛苦地坚持,直至完成学习,成为一名真正的独奏者。

不管是在哪个阶段,寻访名师始终是重要的,一则因为名师确实点拨到位,二则名师的社会关系也能为提琴手的学习提供助力,尤其在遇到比赛的时候。试想一下,如果比赛的评委很多都是名师的朋友,结果会如何?为了寻访名师,整个家庭可能需要迁徙,父

> 科学家和艺术家或运动员一样,他们追随那些职业榜样,渴望与前辈并肩站在万神殿中……有谁希望成为平庸的约翰尼·乌尼塔斯、二流的贝多芬、打了折扣的牛顿呢?对于成就伟大的强烈憧憬激发并维持着这些人的职业之路。

母中的某一方可能需要放弃自己的工作,以便可以全力以赴投入孩子的音乐教育。当然,因为这样的变迁导致家庭关系发生破裂的也不少见,代价很大。

  名师教授学生的地方不一而足,顶级名师教授学生常常是在高档场所,比如欧洲古堡。有少量的则是在家里,可能这位老师喜欢众多弟子其乐融融的场面。也有的上课场所是在普通的音乐教室,老师按照时间约定先后给学生上课,而课堂里还会有一些付费来旁听的学员或家长。如果你是那个拉得还不错的学生,名师可能会跟你互动得很起劲,因为他们意识到自己教的东西都能被你理解以及迅速掌握。这种教到聪明孩子的喜悦,会让老师在教了无数个学生已经疲惫不堪后依然两眼放光,从而在课堂上与学生展开良性互动;如果很不幸地,你是那个拉得不够好的学生,老师会很难掩饰他的失望或不耐烦,因为疲劳的教学,对修养也是挑战,可能名师会直接跟你说"够了",只差那句"你改行吧"。再优秀的学生在高强度的训练面前也会瘫软在地,更不要说,随时会面对有关自信的挑战。

学生与名师的关系很难界定,有的老师只管教学,而有的老师会像父母一样负责学生的生活;在前种关系里,学生会感觉老师距离太远,对自己除了演奏之外的生活不闻不问,而后种关系,也会让有的学生感觉自己透不过气来……不管如何,师徒是合作者,学生不远千里投奔名师门下,只为学到顶级技法,而名师教出"明星学生",对老师也是一种荣誉的成全与提升。

日复一日、枯燥的练习,是每一个小提琴独奏者的必经之路。所有接受采访的人一致认为,没有一个人,可以单纯凭借喜好或者天赋,就能拉得一手好琴,痛苦的、刻苦的训练是必经之路。在这条路上,有很多东西必须被放弃,比如正常的课业,因为在很多家长与老师看来，既然已经决定成为独奏师，学那么多课有什么用？文学、语言倒算了，物理化学对小提琴独奏者有什么用？有一些被放弃，有一些则会被加强。很多独奏学生都会多国语言，俄语、英语、意大利语、西班牙语，自由转换，这种语言能力，有助于他们和顶尖的老师以及行业相关人士交流。

"工欲善其事，必先利其器"。成为小提琴独奏家，没有一把好的提琴是肯定不行的。如果参加比赛或者演奏会，没有好的提琴，就等同于"失败"，因为无论怎么拉得好，出来的效果，总会让人认为"他的演奏音色不佳"，"就算舒马赫也没有办法开着一辆老爷车夺冠"。如果能够拥有一把斯特拉迪瓦里当然最好，或者有百年历史的其他制作精良的古琴也行，无论如何不能使用一把两三年前才制作完毕的新琴，在独奏者看来，那不啻于灾难。顶级名琴价格无比昂贵，租借会是一种有效的方法；另外一种途径，就是以高超的演奏技艺打动某些名琴的拥有者或收藏名琴的贵族，让后者决定将名琴托付给演奏者。这颇有点"名剑赠雅士"的味道。

师出名门，拥有名琴，大赛中也曾闯出名号，对于小提琴学习者而言，已经算是拼搏到了最后一关——如何独立在社会上立足？这当然首先取决于技术水平，其次就是各种社会资源。独奏者独立的过程，就是其社会化的过程。

即便成为大师，道路也会有险阻。1972年，整个音乐界因为拥有无限天赋的小提琴家迈克尔·拉宾突然离世而陷入震惊与悲伤。无数观众曾如痴如醉地欣赏他的演出，却无人知晓他从神童转型为成年艺术家的痛苦，以及"贯穿始终的彷徨不决"，他难以克服自信和安全感上的缺失，最终被其击垮。

合上此书，你会发现小提琴独奏者的成长道路充满艰险，伴随着无数的汗水泪水与犹豫痛苦。随着技术的提升，他们拥有非凡的天赋,更拥有非凡的经历,值得所有人尊重。不过作者已经言明,此书献给那些单纯热爱音乐,以及读完书依旧相信音乐的人。

对了,那句话怎么说来着?

"和你那时的面貌相比,我更爱你现在备受摧残的容颜。"

> **选书有道**
>
> 帕慕克对于伊斯坦布尔的回忆与描绘不是连续的,而像片段和画面。海峡、废墟、老街、各种店铺、行人……可能跟他喜欢绘画,并且学过建筑学有关,他对于空间的回忆尤其敏感。

《伊斯坦布尔》:
一座城市的记忆与忧伤

几天前的土耳其政变,让世界将目光投向亚欧大陆交接处的土耳其,政变戛然而止,也令世人对土耳其之后的道路多了几分猜想。《伊斯坦布尔》是一本旧书,出版于 2007 年,是土耳其作家奥尔罕·帕慕克的自传。帕慕克于 2005 年凭借此书获得当年的诺贝尔奖提名,他没等太久,到了第二年,他就凭借《我的名字叫红》获得了当年的诺贝尔文学奖。

时隔九年,重读此书,再看土耳其时局,体会更深。

帕慕克对于伊斯坦布尔的回忆与描绘不是连续的,而像片段和画面。海峡、废墟、老街、各种店铺、行人……都在他回忆的图景里。可能跟他喜欢绘画,并且学过建筑学有关,他对于空间的回忆尤其敏感,在他笔下,仿佛可以看见一幅幅伊斯坦布尔生活场景,但是字里行间,总有一种特别的忧伤。

这种忧伤是城市与个人共同的忧伤。"你要看出你究竟站在东方还是西方,只需看你如何提起某些历史事件,对西方人来说,1453年5月29日是君士坦丁堡的陷落,对东方人来说,则是伊斯坦布尔的征服。"自1453年以来的五百多年间,伊斯坦布尔仿佛一直在东西方之间徘徊,寻找自己的身份认同。

1923年,土耳其共和国成立,凯末尔政府在社会、政治、经济、宗教、文化等多个方面进行了变革,力图将土耳其建成新兴国家。帕慕克出生于1952年,他的童年少年记忆,应该是土耳其推行凯末尔主义大约三四十年后的社会生活。这大概是怎样的呢?这种绵延了五百年的身份寻找就停止了吗?

> 我们何以在特定的这一天出生在特定的世界这一角？我们出生的家庭，人生签牌分派给我们的国家和城市——都期待我们的爱，最终，我们的确打从心底爱她们——但或许我们应当得到更好的人生？我有时认为自己不幸生在一个衰老贫困的城市，湮没在帝国遗迹的余烬中。但我内心的某个声音总坚信这其实是件幸运的事。

一些西方的旅人来到伊斯坦布尔，看见的是城市的异国情调或者美景，"这些包括杰出作家在内的观察者提及并夸大的许多本地特色，在指出后不久便在城内消失"，这一点在帕慕克看来尤其可笑：西方观察者喜欢点出让伊斯坦布尔别具异国情调、不同于西方事物的东西，而土耳其的西化者却急着把这些东西除掉，免得阻碍了西化。"某种程度上，我们都很担心外国人和陌生人怎么看我们"，西方人在伊斯坦布尔看见的是城市天际线，但当地人在乎的是生活；西方人赞美废墟，但当地人为城市的破败感到不安；西方人感受的异国情调，在当地人看来却是各种难言的回忆。一方面希望获得西方认同，另一方面又清晰知道西方所见的伊斯坦布尔并非它真正、深刻的模样，城市是焦虑的。

语言的消失与统一，也是变革的一部分。19世纪，在伊斯坦布尔可以听见多种语言，土耳其语、希腊语、亚美尼亚语、意大利语、英语、法语以及拉迪诺语（一种中世纪西班牙语）。而随着共和国的成立，土耳其化的兴起，这些语言多数消失匿迹。帕慕克童年时注意到，每当街头有人大声讲希腊语或者亚美尼亚语，便会有人叫道，"请讲土耳其语。"多种语言消失后，城市的多样性与丰富性也受到了影响。

说到土耳其化，人们比较熟悉的是当时政府坚持进行的世俗化改革。帕慕克儿时，身边不少人都笃信宗教，他们的职业普通，更没有什么财富，他觉得这些人都很善良。不过当时社会的一种观点是，因为有这些半文盲人口，土耳其现代化、繁荣、西化的梦想就难以达到。比如，有人批评家中电工跑去祈祷，其实这与电工没把工作干完无关，但批评者认为电工的行为妨碍了"国家进步"——类似观点对贫困信教人口来说，当然是巨大的压力。可见，世俗化固然带来社会的进步，却并非全是收获而无失去。

伊斯坦布尔是一座"伟大、历史悠久、孤独凄凉"的城市，几百年间，它经历了辉煌，也置身于衰落。人们始终在想，从前的辉煌繁盛还有没有可能恢复，但又在时刻忧心，这样的机会不会再有；人们急着加速现代化，而在这过程里，那些被放弃的却始终没被忘记，在建筑里、在人们的记忆里、甚至在空气里——好像一个人童年的欢乐与富足渐行渐远，被迫面对成年后的一团乱麻——这确实是一件让人忧伤的事情。

当城市与个人的忧伤混杂一处时，伊斯坦布尔人并非没有释放的渠道。帕慕克最喜欢做的一件事就是去看博斯普鲁斯海峡，数通过海峡的船只，而他惊讶地发现，其他人可能也是这样。看海峡，一方面是为了看风景打发时间，另有一个原因是，他们眼见中东的财富日盛，目睹奥斯曼败给苏联和西方之后的破落，意识到必须想办法摆脱这种沮丧与恐惧。凝视博斯普鲁斯海峡，即便是发呆，也像是一种责任。

帕慕克说,"我有时认为自己不幸生在一个衰老贫困的城市,湮没在帝国遗迹的余烬中,但我内心的某个声音总坚信这其实是件幸运的事。"他也说,所谓不快乐,就是"讨厌自己和自己的城市"。这恰恰说明,他对自己的城市到底爱有多深,并从深爱里感觉快乐。"这是我的命运,争论毫无意义",一切悲伤与欢乐都来源于这个地方,而爱与责任从来都相伴而生。

> 选书有道
>
> 在美国，发生过酸奶狂热、维他命狂热，以及饱和脂肪恐惧等各种饮食潮流，一些饮食"经验"似乎也在影响今天的我们。然而，仔细观察潮来潮去的过程，我们会发现，被奉为"经典"的那些经验远没那么靠谱。

《让我们害怕的食物：美国食物恐慌小史》：食品让我们愉悦还是焦虑

在很多人看来，就餐是一种社交行为，是一件赏心乐事。有些人则不同，他们总被一种对自己的食物选择所负有的个人责任感所折磨，他们总是关注"营养"而非"美味"，吃东西这件事也常常从乐趣变成焦虑。

在美国，发生过酸奶狂热、维他命狂热，以及饱和脂肪恐惧等各种饮食潮流，一些饮食"经验"似乎也在影响今天的我们。然而，仔细观察潮来潮去的过程，我们会发现，被奉为"经典"的那些经验远没那么靠谱。

在20世纪初，美国就有人著书认为：只要喝酸奶就能长寿。

当时,《纽约时报》上有一篇文章写道,一位苏打水售货员为顾客端上一杯"科学发酵酸奶",并说,"如果你喝这个,就能活到200岁"。酸奶还被人赋予了战胜疾病的特殊能力,有人认为酸奶可以对抗肾炎、风湿病、伤寒、结核病等等。当时,除了酸奶,流行的还有可以添加到牛奶中的所谓酸奶药丸,瞬间生产出一杯富含"营养"的酸奶。一时间,至少有三十家美国公司在推销这种药丸。然而,由于对酸奶功效的吹嘘过甚,终究令人们难以忍受,压垮骆驼的最后一根稻草更加出现在前台——最早提出"酸奶可以长寿"理论的作者在71岁就过世,令大家大跌眼镜。此后,酸奶在美国沉寂了很多年,直到20世纪40年代重新回流。到80年代,那些完美迎合潮流的低脂产品销量暴涨。尽管权威研究机构研究出,数百种所谓的益生菌,没有一种能够促进肠道健康或提升免疫力,但是,酸奶的地位看似已牢不可破。

> 在十九世纪晚期,消化不良和神经衰弱是美国蓬勃发展的商业文明快节奏的生活的副产品这种想法,吸引了富裕的美国人。现在,他们相信自己的富裕是制度优越性的体现。

此外,身在牛肉消费大国,美国人民对牛肉的接受程度也经历过过山车般的起伏,从怀疑到信任,对牛肉的钟爱最终定型。

在 1900 年,美国人吃的牛肉数量首次超过猪肉。但当时一些关于流行的牛肉罐头的消息令人们大为恐慌。有人投诉牛肉罐头里有防腐剂的味道,罐头原料来自腐烂的肉,被工人踩过、被老鼠爬过。这类投诉使牛肉销量下降。此后,人们也攻击过牛肉汉堡的安全,香肠的安全,但是,神奇的是,在各家聪明的生产商的努力与改进下,牛肉没有倒下去。

美国的牛肉依恋情结在 20 世纪 90 年代受到了最严重的考验——人们在牛肉中发现了致命的大肠杆菌,但反反复复后,牛肉依然躲过一劫。在特别强调营养的美国,牛肉大概是极少的、由于人们觉得太过美味以至可以忽略健康的食物。

美国亦是对维生素最为狂热的国家。很多孩子从小就被母亲喂食大把号称含有各种维生素的药片。虽然维生素的流行也有一点科学后盾,但更是食品生产商的新营销工具。维生素无形、无味、无重量,商家可以大肆宣称在各种食品中添加了它,而维生素的功效更是被吹得神乎其技。比如,维生素 C 唯一已知的特性是防止败血症,但是在商家口中,这就是维持生命的必备要素。美国人在 20 世纪早期,先是鼓励大家"每日一橙",其后又说每天要喝 500ml 橙汁(当时还流行每天要喝一升的牛奶),当然,这一切不过是橙子经营者的谋略。

不管科学家提出什么新理论,最终引发狂热的幕后推手始终是商家;不管这种狂热被哪种意见浇熄,商家也总有办法把火种重新点燃;而后尽管依然有其他科学家提出不同意见,但在人们生活里已经形成的"营养"习惯却很难被完全颠覆。

美国人对脂肪的恐惧最早来自对冠心病的害怕,他们认为这种疾病的罪魁祸首是饱和脂肪。饱和脂肪因而被视为坏脂肪，不饱和脂肪显然就是好脂肪。有没有觉得这种二分法非常熟悉？因为它至今仍在影响着我们的判断。尽管有关部门曾经发布报告，显示在饮食方面，高糖饮食才是心脏病的诱导因素，但是人们对糖的恐惧始终没有对脂肪的恐惧多。不吃或少吃脂肪，甚至造成了全美的饮食失调，但人们在所不惜。

在书中，人们发现，美国人对某种食品健康的担忧就像钟摆一样，从一个极端到另一个极端，牛奶、酸奶、牛肉等等都经历过从繁荣到没落再到复兴的过程，或许未来，还会有类似的过程。在这种背景下，吃什么不吃什么到底怎么判断？

想想法国人吧，他们的美食哲学是只要享受，不要焦虑。或许这是最好的方法——什么都可以吃一点，什么都不要过量，顺其自然最好。

> **选书有道**
>
> 阅读的感觉本就因人而异,英国批评家约翰凯里说,"如果你极力推荐一些书,只因它们以前曾受过好评,那么很可能年轻天真的读者听了你的话以后去尝试它们——而后永远地放弃阅读"。所以,有些故事读不出味道也不用着急,和美食一样,小说也有一个对不对胃口的问题。一直在发现,一直在探索,总会遇到自己怦然心动的那一款。

《华语短经典》:
用简约的手法书写这个复杂的世界

卡尔维诺在《新千年文学备忘录》里曾说,"在甚至比我们现在还要拥挤的未来的时代,文学必须追求诗歌和思想所达到的最大程度的浓缩",他说他很想编一本故事集,搜集只有一句话、只有一行字的故事——他对短篇文学的爱,已达极致。"华语短经典"就秉承这样的理念而来,这套书精选了当代国内一线作家的短篇小说代表作,其中不少作品获得过茅盾文学奖、鲁迅文学奖、华语文学传媒大奖等国内重要的文学奖项。

《信使之函》是孙甘露的短篇集,五部作品,每部开头都是一句诗,或引用其他作家的一句话,仿佛整个故事就是这句话的敷衍。

由一句话生一个故事,与从一个故事里只看见一句话,都有意思。

有的短篇是一个好看的故事,有的则像一首诗,是流动的意象。就像《信使之函》里,信使所在的耳语城是一座"看不见的城市"。文字不是构建这座城市,而是展开充满想象力的画卷,任由读者做加法。孙甘露说"信起源于一次意外的书写",卡尔维诺说"只知道启航,不知道返航",我想,"开始"与"启航"是作家的事,"结束"与"返航"大概是读者的事,毕竟,任何一部作品的成立,都要看读者在上面加了多少东西,那么,有没有足够空间让读者做加法,就靠作家了。

方方的《天蓝》,讲的是一个母亲的灵魂进入另外一个小女孩躯体里的故事。我想起东野圭吾的《秘密》,后者说一次车祸后,女儿的灵魂进入了母亲的身体——情节的偶然相似会削弱阅读的趣味,但并不妨碍读下去,到达终点。《哪里来哪里去》与《凶案》都是主

> 站在屋顶上,天气好的日子里,云是一片一片的,像蓝天上的羊群。我就变成了一个牧云的人。坏日子都是出自情愿,而好日子要看运气。

人公在追索自己的身份与由来,看不到答案,看到的是过程,许多凌乱、偶然的瞬间决定了事情的走向,令生活更加一团乱麻以及一地鸡毛。

看故事当然不是在看真假,也不是看有多少意义,而是看有没有那么一点儿意思,不然阅读是为什么呢。

年轻作家路内的短篇集好几部都像在讲鬼故事,像《在屋顶上牧云》《女神陷阱》,故事里透着诡异的光芒,主人公跌跌撞撞、生生死死,渴望得到救赎与解脱。《阿弟,你慢慢跑》回到了白天与人间,只不过阿弟一度被困在人生的黑暗面。阿弟是一个天生有点残疾、学习无望、人生颓废的人,直到他有一天确定了自己的人生目标,并且为之开始奔跑——有点像阿甘,也有点像李宗盛歌里的弟弟,"亲爱的兰迪 / 我的弟弟,你很少赢过别人但是这一次,你超越自己"。

故事里充满浓烈的词汇，是一种写法，就好比孙甘露说，"正午的沙漠灼热而又荒凉，彻底地袒露在那儿，遥远而又切近，没有玄学的意味，却又使我执迷于此"。与奇情、上天入地的故事相比，那些更像生活的故事有着另一种味道。方方的《一唱三叹》写了一个在特殊年代充满理想主义，将子女送往各地锻炼，在晚年却蜗居斗室、子女离散的老太太。是悲是喜，是得还是失，本来难以衡量，但晚年的落魄与悲凉，倒是实实在在将年轻时的风光戳了个洞，唏嘘不已。

赵玫的《巫和某某先生》、《无调性短歌》、《庄严的变奏》等短篇写的都是女性故事，联想到她的长篇如《武则天》、《高阳公主》、《上官婉儿》都是女性主角，也能看出作者的视角与偏好。

苏童写的故事大都发生香椿街。在这里，时间本在缓慢地流淌，突然间，故事发生，就像一支箭骤然射出，不到终点不落地，直到故事结束,人群散去。

《骑兵》里有一个罗圈腿的孩子,没了妈妈,与爸爸相依为命,但总是找不到问题的解决之道;《垂杨柳》里运煤的卡车司机见死不救,却无意中在路上小旅馆遇见了受害者的女儿;《五月回家》的主人公回老家探亲,却找不到故乡的路、找不到老房子、见不到熟人,完全迷失在自己曾经的家乡;《手》的主人是个勤恳的小伙子,只不过因为干的是火葬场搬运死人的工作,就遭到邻里与爱人的唾弃,生生被逼上了犯罪的路……

这可能是香椿街的日常,却也是最真实的生活。

短篇小说偶尔会披着荒诞的外衣,这种荒诞有时吸引人,有时吓退人,不喜欢它的人觉得满纸只是胡言乱语,喜欢它的人正喜欢在荒诞背后藏着的生活原形。

《早安,北京》是徐坤的短篇集,他的作品没那么多夸张的东西，更像是源自生活的白描，只不过取的是一个局部、某个下午。《早安，北京》里那个当年考到北大、留在北京工作的高考状元，在巨大的城市里打拼，本已内心苍老，接待家乡来人时，更无处不感觉到矛盾与冲击：一头是城市生活的疲劳，一头是在家乡人面前努力撑着的体面。直到一起去看了升旗，才猛然间意识到当年的自己是如何兴奋地仰慕这座城市并为之奋斗。

现在流行说不忘初心，大概作品也是这个意思，所以在这里收了尾，不过我更感兴趣的是感动之后会怎样，"娜拉走后会怎样"。

集子里的《一个老外在北京》，比较特别，一个外国人喜欢中国，在这里待了很多年，亲身感受从对外国人极友善到对外国人见怪不怪的大环境变化，结果人到半百，中国待得没滋味了，回到自己的国家也没滋味了。说是老外的遭遇，但是哪里没有这样的尴尬故事呢。

李洱的《林妹妹》与收进集子的其它几篇不同,在类似《平安夜》、《错误》、《儿女情长》、《上啊上啊上花轿》等诸多作品里读到它,还是眼前一亮的。"林妹妹"是一只母吉娃娃的名字,她被主人抱去配种,结果公吉娃娃的主人嫌它没有血统纯正的证明,不肯让它俩成就好事,"林妹妹"的主人正愤怒羞愧着,发现"林妹妹"居然被另一只在现场乱逛的中华田园犬捡了便宜,"林妹妹"的主人伤心到了极点,一通狂追。虽然已经完全追不上那条大狗,但他依然在奔跑,不知道是在追赶让他愤怒的狗,还是为了甩掉所谓"血统"正不正的命题带来的愤怒本身。

卡尔维诺说,小说要轻。轻,是一种写作要求,也是一种阅读体验,轻快并不意味着模糊与混沌,它恰恰需要精炼与精准,因其身上,背负着沉重的命题。《生命中不能承受之轻》,就是生命中无法承受之重。

毕飞宇的长篇好看，短篇也一样好看。擅写长篇与短篇的作家，就如同时擅长华山派的剑宗与气宗，随时取用，收发于心。《怀念妹妹小青》写妹妹离去三十一年依然不能放下的记忆，越是人到中年，对故人的思念越是深厚；《哺乳期的女人》从少见的视角说留守儿童的故事，人人都不知留守儿童的心思，只有做了母亲的邻居知之；与之相对的是《彩虹》，讲留守老人，一对老人将子女培养成才，子女全部去了海外定居，老人倒变得万分孤单寂寞，隔壁的一个留守男孩吸引了他们的注意，从陌生到接触，从接触到互生依赖，温暖来得太突然；《家事》说学校里孩子之间的事，而《大雨如注》冲刷的是家长的焦虑。

从阅读观感来说，短篇既恣肆烧脑，短篇也平实淡然。当然，阅读的感觉本就因人而异，英国批评家约翰·凯里说，"如果你极力推荐一些书，只因它们以前曾受过好评，那么很可能年轻天真的读者听了你的话以后去尝试它们——而后永远地放弃阅读"。所以，阅读的感觉本就因人而异，有些故事自己实在读不出味道也不用着急，和美食一样，小说也有一个对不对胃口的问题。一直在发现，一直在探索，总会遇到自己怦然心动的那一款。

> **选书有道**
>
> 面对疾病时到底有没有最好的抉择？此书并没有给出答案，但是通过对诸多案例的跟踪采访，提供了解答的不同视角，至少搞明白了人们在疾病来临时需要做什么决定，什么是好的决定，怎么做决定，以及为什么会做出相关决定。

《最好的抉择》：
面对疾病时，有没有最好选择？

人在患上疾病时，就医态度因人而异；而谁是最好的医生，到哪里去找最好的医生，也都没有定论。患者与医者如何才能到达最好的关系？跟很多因素有关：患者与医生各自对自我的认知，对疾病的认知，对医生的认知、对患者的认知。

面对疾病时到底有没有最好的抉择？此书并没有给出答案，但是通过对诸多案例的跟踪采访，提供了解答的不同视角，至少搞明白了人们在疾病来临时需要做什么决定，什么是好的决定，怎么做决定，以及为什么会做出相关决定。

遭遇疾病，每个人态度并不一样，有的人崇尚自然主义，希望对疾病不加干预，通过保持健康的生活方式、增强运动等，等待疾病自己好起来。而有的人，则会雷厉风行地进行积极治疗，有什么方法就用什么方法，治疗做到极致。更多的人可能会处于这两极之间。

到底什么原因会导致人们的不同态度呢？与患者的思维方式、家庭习惯、身边的事例都有关系。

比如，推崇自然主义的家庭，其子女往往会不自觉地倾向于自然主义；而凡事不愿给自己留遗憾的人，则希望把所有能想到的方法用一遍。家庭的影响时而给出的是成功经验，时而给出的是"反面教材"，这也恰恰证明，一个人的就医态度，很容易受身边人的影响。

有一位被采访对象本人是医生，由于年少时曾经目睹父亲心脏病发过世，总觉得如果有更好的机会，也许父亲能被救活，所以自

> 奥斯勒爵士是 20 世纪杰出的医生。他指出,要想弄清楚复杂的医疗诊断,医生必须仔细地听取病人的陈述,因为正确的治疗手段就隐藏在他告诉你的话中。这是我们寻找答案的出发点。

己罹患疾病时,他不自觉就采取极致的医疗方法。另外一位采访对象,按照医嘱应当服用某种药物,但她正好目睹一位友人同样服用这种药物却出现了严重的副作用,因而下定决心不服用此类药物,尽管这种药物几乎拥有唯一的对症疗效。也有的患者愿意跟同样患某种疾病的人交流,以获取充分的信息,最终做出自己的判断。可见,身边人对患者的影响各异,某种程度上也取决于患者的性格与思维习惯。

患者决定用什么样的方法治疗自己,当然并不全听从自己的主见,医生的指导意见至关重要。可能对于患者来说,既不希望医生有着极强的个人主见,完全按照自己的想法把治疗方案加诸患者身上,也不希望医生没有主见,当病患问及将用什么治疗方案是,反而对病人说:"你希望用哪种方案?"这样的医生无疑会让疾病缠身的人深感困惑,甚至绝望。

至于医生会就病情做出何种判断——确实也是因人而异。当病人患有某种疾病时,到底应该化疗还是手术?如果确定施行外科手术,那么到底是用腹腔镜、"机器人"还是"开大刀"?在外科手术后到底是继续施行化疗还是放疗?这些问题,很难说有固定答案,因为医生经手的病例、积攒的经验、病患的具体情况都不一样,那些以往的经验难以确保对当下的患者也有用。

更何况医生也会有一定的个人偏好。书中特别提到了对一类案例的观察,就是格雷夫斯病(毒性弥漫性甲状腺肿),2/3 的美国医生认为服用放射性碘丸是最好的手段,但只有 22% 的欧洲医生和 11% 的日本医生这样认为,后两者的地区更加偏好于抑制甲状腺激素的药物。鉴于三个地区的医生看到的医学数据都一样,为什么会有这么明显的差别呢?原因部分是,日本曾在二战遭遇核爆,到 2011 年东日本大地震导致核泄漏,所以日本人心中留有放射性物质的阴影。欧洲国家对核辐射也是心有余悸，毕竟切尔诺贝利事故在该地区也投射了巨大阴影。

正因为患者与医生，都有一定的局限，所以恐怕医者与患者最理想的关系大概是，大家共同应对疾病这个敌人，各自认识到自己的局限，各自发挥自己的长处，坦诚沟通，以期谋求共同认为的最好结果。患者盲目地听从或有强烈主见，以及医生有强烈主见或完全放弃指导——都不是好的状态。

然而这一切并不容易。最不容易的地方在于，可能医患双方都非常理性以及真诚，都竭尽全力，但结果仍然未知，其原因就在于，疾病本身就带有一定的不可预知性、一定的偶然性。对付疾病，从来都不是1+1那么简单。

前几天采访一位血透了22年的病人，大学也是学医的，工作才两年，肾脏就出了问题。病人有一句话特别实在，"我没有能够从事自己最喜欢的工作,这是我最大的遗憾,但生了病后,我希望自己认真地做一个病人,跟医生一起配合,战胜疾病"。

不管是谁,大概都需要这样纯粹的态度。

回到文初的那个问题,有没有最好的选择?在选择未发生时,一切都未知,在选择已发生时,一切不可重来。之所以要从那么多视角来看这个问题,可能书作者也是为了告诉大家,厘清所有线索与问题,可以尽可能地让"好选择"变成大概率事件。

> **选书有道**
>
> 正是这种"晃荡",保全了孩子的天性,增加了生命的厚度与宽度,居然在日后都成了写作的养分。不过东野之所以是东野,当然不全因为年轻的自由生长。一旦确定生活目标,艰辛付出是应有之义,以后若找到类似的回忆录,再来分享。

《我的晃荡的青春》:
东野圭吾的"野蛮生长"史

东野圭吾是日本著名的推理小说家,光是国内引进的作品就有四十余部。他作品高产,拥有读者无数,还获得过许多奖项,比如"江户川乱步奖"、"推理作家协会奖"、"直木奖"、"本格推理小说大奖"、"新风奖"、"中央公论文艺奖"、"吉川英治文学奖"等。除了前面几个奖项聚焦于推理作品外,后面的奖项均是更普遍意义上的文学奖,东野圭吾不仅是畅销作家,在文学创作上,也被广泛认可。

他第一次获奖,是在 27 岁。这么年轻就获大奖,这作家是不是应该很早就展现了文学天赋、从小就是写作高手?

不!

东野圭吾不仅没有从小就展现出写作天赋,而且,他从来都不是一个成绩突出的学生,甚至初中念的是特别不靠谱的学校。简直可以说,在那样的学校里,他没有跟着同学一起变坏,而始终维持着一个普通学生的本分,实在是奇迹。

《我的晃荡的青春》一书,用东野圭吾自己的话说,就是写下了青少年时期所有快乐的部分。

他就读的初中是远近闻名的差校,学生曾经打过老师,把老师的腿打瘸;上课更没有什么纪律可言,有一位老师提醒后排学生讲话不要太大声,一把刀子瞬间飞过来插在了讲台上;由于上课时抽烟的人太多,老师不得已把学生分成一个个区域,抽烟的和不抽烟的……这所学校后来据说校风也在转好,但在东野圭吾就读期间,情况就是这样。

左躲右闪谢同学不杀之恩的东野圭吾上了高中,这是一所怎样

> 天很蓝，仿佛可以看穿宇宙。傍晚，人们走出家门，来到江边，坐在酒吧或者烧烤摊上，一盅酒便可以结束一天。我觉得十分新奇，这些场景在城市中不曾见识。虽然看不懂那些划拳的动作，听不懂那些酒后即兴的民歌，但我知道，这种小地方，一定是舒服快乐的。

的高中呢？他说，"它是日本最先发起学生运动的高中……高中爆发学生运动本身就很罕见，而且学生们还真刀真枪地架起护栏在校园里坚守"，校风之剽悍可见一斑。在这样的学校里，直到高三考大学前，他都是稀里糊涂度过的。

年轻人总是有很多爱好——学生时代的东野圭吾是个怪兽迷，讲起怪兽影视作品来如数家珍；他还是功夫电影迷，喜欢看李小龙。读高中时，他喜欢滑雪，虽然没滑出什么名堂，不过这让我明白了为什么他要用一本书来写滑雪的故事，他那本《疾风回旋曲》中有很多关于滑雪技术的描写。读的时候，我就觉得，作者一定对滑雪情有独钟，果然，这在中学期间就有端倪。东野圭吾热爱运动，在大学时代还鬼使神差地加入过射箭的社团，射箭哦！有没有让你想起什么？对，他的作品《放学后》讲的就是射箭社团成员身上的谋杀案，这是他第一部获奖作品，获得的是"江户川乱步"奖，日本推理小说的最高奖项。而在这本小说里,他还详细讲到女运动员更衣室的情况,我当时还佩服作家为了写作,实地勘察采风。看了东野的自述后,我才发现,原来,偷看女运动员更衣室正是在他的高中时代、那个捣蛋的年龄,男生们曾经做过的事!

学生时代的东野圭吾不喜欢阅读,他甚至痛恨世上有"书"这么个事物。在他被老师逼着看一本书的时候,他是每天把书从书架上往外拉一点,每天拉一点,直到那本书全部露出来,才不得不开始读,然而常常也只读了一页,就深感头痛,被迫写读后感时,就写"对不起"。唯一例外的一次是偶然在姐姐的书架上看到了推理小说家松本清张的作品,觉得以往一看铅字就感觉头疼的毛病,瞬间被治愈,于是一口气看了他的好几部作品——回过头去看,或许那时就已经种下了推理小说家的种子,但是离发芽还为时尚早。

看了几本推理小说之后的东野圭吾作了一个惊人的决定,他打算自己写推理了！写完后他还很认真地请朋友阅读，然而自从把作品交给朋友之后，他就发现再难见到对方，偶尔看见，对方也是躲着走，等过了半年，朋友终于交给他一篇读后感，里面也写了三个字，"对不起！"东野圭吾大概就是在那时，彻底明白了什么叫作"让人读书的快乐"以及"被迫读书的痛苦"。

到了高三，学生们醒悟过来，开始努力复习，然而很多人都已经来不及，东野也是其中一位。他高考落榜，复读一年之后，方才跌跌撞撞进入大阪府立大学电器工学专业。然而大学四年，在他的笔下，依然是有点浑浑噩噩（不过谁不是这样呢），一直到毕业进入日本最大的汽车配件制造企业工作时，他好像还没有醒过来。

此时的他22岁左右，离《放学后》获奖带来的声名鹊起，大约还有五年的时间。但这本他回顾自己青春年少的作品写到大学毕业就结束了，无疑也让读者好奇，到底是从之后的哪一个瞬间开始，他延续高中时曾经无果而终的推理写作,从此走上了真正展现天赋的道路。

东野圭吾的作品,向来不局限于推理,最为打动读者的,甚至往往不是推理细节,而是人情描写。在他的作品里,总有对美好事物的向往、对亲情的守候、对明天的期待、对自我的救赎。《祈祷落幕时》、《解忧杂货店》、《时生》,总是看得人热泪盈眶,原因就在于此,即便是《白夜行》、《幻夜》这种令人唏嘘的故事,他也会写情感完整对于一个人的重要性。他写过一个系列,主人公是一位叫加贺的警察,东野为这个人物写了近十部作品,《麒麟之翼》《新参者》等,结局都很温暖。人们能感受加贺的推理缜密,也能感知他在生活中的重情重义,甚至会让人猜想,作品里是不是投射了作者自己的影子。

一个少年在磕磕碰碰、懵懂无知中一路走来,却又没有长歪,是因为理性还是因为运气？可能恰恰是因为他的本性纯良，加之家庭环境宽松，才会那么没心没肺地拥抱生活、热爱生命吧。

其实东野的文字很幽默，推理作品里稍纵即逝的调皮，在他的自传里发挥得淋漓尽致。《我的晃荡的青春》这本书，我几乎是笑着看完的，读着读着就发现他至少有一项天分，就是记忆力惊人，那些少年时的生活细节像是刻在他脑子里一般。对此，他自己是怎么说的呢？

"对于过去的事，我似乎比别人记得多一些，当时不以为意的体验，长大后才发现有些相当重大，其中有深厚的含义，这些都成为小说的主题"。

在世俗的判断里，晃荡当然不是好事，但不能否认，正是这种"晃荡"，保全了孩子的天性，增加了生命的厚度与宽度，居然在日后都成了写作的养分。不过东野之所以是东野，当然不全因为年轻的自由生长。一旦确定生活目标,艰辛付出是应有之义,以后若找到类似的回忆录,再来分享。

不过,出版社深恐年轻读者看了这本书而歪楼,在书封上特意发布郑重敬告,挺有趣,收录如下。

"东野圭吾青春时期的晃荡行为并不是孩子的理想榜样,让孩子自由发展天赋才是本书真意。"

哈哈。

> **选书有道**
>
> 说到谍报特工,大家熟悉的都是银幕形象,《007》系列、《谍影重重》、《国土安全》等奉献的经典角色,那些特工在处理任务的时候似乎无所不能……用作者的话说,这当然无意中帮情报机构做了大广告,使得机构招募新人时多了一点方便,而真正的特工生活虽然并非每时每刻都惊心动魄,却也不遑多让。

《情报的艺术》:
美国中情局的"秘密世界"

《情报的艺术》的作者杰克·迪瓦恩于1967年加入美国中央情报局(简称"中情局"),至1999年离职,在三十多年的职业生涯间,参与或目睹了众多的"秘密行动",经历了中情局发展的不同阶段,从一名普通的工作人员成为局内高层,掌管中情局行动处。同时,他也是这个时代杰出的情报大师之一。此书对中情局内部的运作进行了详细描述,甚至对一些重大的情报行动进行了清晰的回顾,既有光鲜,也有阴暗。他用专业、职业的眼光分析了中情局的运作,让读者对美国政治的另一面有所认识。

说到谍报特工,大家熟悉的都是银幕形象,《007》系列、《谍影重重》《国土安全》等奉献的经典角色,那些特工在处理任务的时候似乎无所不能……用作者的话说,这当然无意中帮情报机构做了大广告,使得机构招募新人时多了一点方便,而真正的特工生活虽然并非每时每刻都惊心动魄,却也不遑多让。

来,一起走进 CIA 特工的"秘密世界"。

首先当然是训练,作者在 1967 年开始了为期九个月的对于各种间谍手段的学习以及准军事训练。上世纪 60 年代的特工(让我想起《美国谍梦》里冷战时期的美俄间谍)都练些啥呢?选择与招募、监控、技术操作、秘密接头、通讯、武器使用、丛林生存、跳伞、爆破等,课堂与实地练习并行,训练不可谓不严格。所有的训练既要培养出特工的体能与技能,还要教会重要的生存技巧。作者还总结了许多小窍门:比如,即便细小的任务没有达成,也不能有任何引人注意的表情与动作;再比如,执行秘密任务时,务必锁好

> 牌匾上画有两只满身泥泞的猪和一句谚语,大致意思是:"跟猪角力,你最后只会落得一身泥。"他想让我们明白:如果你开始与个别令人讨厌的人打交道,或者采取让人厌恶的行动,那你就要做好在这个过程中被玷污的准备。

门(因为永远不知道下一刻谁会进来搅乱一切);还比如,压力之下表现最佳的始终是那些看起来最不起眼的学员——特工这活儿,跟外貌真没啥关系。

在美剧里,似乎每个特工都有自己的线人,线人身份并不算高机密。而在现实里,招募、使用、甄别线人,对于特工来说,却是非常重要的能力,但常常有人在这方面折戟沉沙,闹出丑闻甚至灾难。

大家熟知的 1986 年"伊朗门事件",就是肇始于中情局与美国政府对线人提供的线索盲目信任。当时有七名美国人质遭到黎巴嫩的恐怖分子的绑架。有个伊朗军火商声称,如果美国向伊朗销售武器的话,他可以安排解救美国人质。迪瓦恩对这名线人明确表示质疑,因为他之前在测谎中两次不过关,但当时的中情局负责人选择信任线人。结果,美国政府先后三次通过以色列向伊朗出售陶式导弹及霍克防空导弹,之后甚至还安排直接对伊军售……最后,人质并没有因为军售而释放,整件事情也被媒体曝光,成了里根总统在任期间最大的政治丑闻。

最引人瞩目的例子涉及一名叫"曲线球"的线人,正是他在1999年向德国情报部门提供线索,说萨达姆拥有生物武器工厂,而这项情报最后也被美国政府引用,出现在了2003年布什总统的国情咨文里。但直到美国入侵伊拉克,最终没有发现大规模杀伤性武器,中情局才再度甄别这名线人,承认这名线人是不可靠的。

对线人的甄别能力是一回事,是否基于某种政治倾向信任线人是另一回事。以上两个例子中,美国政府在后一点上,都担有无可推卸的责任。中情局里虽然也有技术官员从一开始就持怀疑态度,但就整体责任而言,自然难辞其咎。

做特工就有牺牲的风险,在作者的回顾里,有不少同事都是在恐怖分子手里牺牲的。其中有一位同事做事特别认真仔细,可能恰恰是这个习惯，让敌人摸透了他的生活轨迹，导致被捕。由于被确信掌握着重要资料，所以他死前遭受了酷刑逼供，最终无果。既然有人"打死也不说"，就有人会背叛甚至主动背叛，这种人被称为"鼹鼠"，跟作者同期受训的一名情报人员（最后也是中情局的高级官员）最终就成了"鼹鼠"，有十多名特工因为他提供的身份信息而被杀，而中情局内部花了很多年才确定究竟谁是背叛者。

　　三十年的特工生涯，处理过的无数大大小小的事件与行动，岂是几句话能说清？做特工不仅要面对某个街角对手用雨伞尖顶射出的含有蓖麻毒素的子弹，偶尔也要处理很琐碎的问题，就像"某个特工马上就要出发执行任务了，但他的丈母娘看上去有支持敌人政见的倾向"，怎么办？任务到底执行不执行？还有，当用假名字执行任务时，陪同社交的妻子却在无意中喊出丈夫的真名，怎么办？怎么圆回来？这些答案在线等，也未必等得到，只能靠特工的随机应变去处理了。

作者一边回忆，一边也在审视"秘密工作"的价值究竟何在。在他看来，站在美国的角度，在大规模战争不会爆发的当下，更需要大量的"秘密行动"来捍卫国家的价值。而信息技术的运用，对大量数据的分析，甚至无人机的广泛使用前景等，都为这些"秘密行动"增添了新的内容。

这本书向我们展开了一部分美国情报部门的世界，更重要的是，让外界得以知晓美国国家安全策略制订以及执行的一个侧面。

> **选书有道**
>
> 看自传之所以有趣,是因为它把作者还原成普通人。他不仅是那个奉献了许多经典作品的大师,他也是一个慢慢长大的孩子,一个有喜怒哀乐的成人,一个在作品中没来得及把所有观点表达出来的人。

《蛤蟆的油》:
黑泽明的自传

日本民间流传着这样一个故事:在深山里,有一种特别的蛤蟆,它和同类相比外表更丑,人们抓到它后,将其放在镜前或玻璃箱内,蛤蟆一看到自己丑陋不堪的真面目,不禁吓出一身油。这种油,是民间用来治疗烧伤烫伤的珍贵药材。黑泽明用"蛤蟆的油"作为书名,自喻是站在镜前的蛤蟆,发现自己从前的种种不堪,吓出一身油……

作为电影大师,黑泽明的作品为许多人熟悉,而对他这个人的了解,通过这部自传可能接收的信息更多。这部自传写于1978年,当时他68岁,他离世时享年88岁,也就是说,这部自传发表于他离世前二十年,之后他再没写过类似的传记。看自传之所以有趣,是因为它把作者还原成普通人。他不仅是那个奉献了许多经典作品的大师,他也是一个慢慢长大的孩子,一个有喜怒哀乐的成人,一个在作品中没来得及把所有观点表达出来的人。

他在书中说,"我不愿意对自己的作品再说什么,想要说的,作品里已经说过了,若再多言就是画蛇添足,但也常有这样的情况,在作品里说过的事情,并没有得到大多数观众的理解。"

做电影这行当然辛苦,尤其黑泽明从副导演、场工、灯光、音响、剪辑师等岗位一路做来,对体能的要求非常高。他在书中屡屡提及许多非常有才华的同行都英年早逝,也让读者钦佩他的体能出类拔萃。不过他小时候身体是虚弱的,就像很多孩子小时候体弱,父母就会刻意让孩子加强锻炼一样,黑泽明从小就被父亲送去练游泳、学剑道,以期增强体质;在暑假里,他还被送到乡村的亲朋那里,跟着那里的孩子一起学习、训练,甚至体验野外生存。在这样

> 我是从第三副导演晋升为第一副导演的,并且能胜任 B 班导演、剪辑、配音导演等等工作。这段时间大约四年,我觉得自己仿佛是一口气跑完了这段上坡路的,但是那时从来没有时间好好地睡过觉。有时紧张到极点,我们就用唾液润湿眼皮,这样眼睛就清爽些,继续干下去。大家无不倾注全部精力,使作品好些再好些。

的强化练习下,他渐渐练成强壮的身体,为他后来在日夜颠倒、强度极高的行业里扛下来提供了可能。

根据书后附的作品目录,黑泽明一生导演了 30 部电影,而看编剧这一栏,我发现,除了 2 部电影的编剧另有其人之外,剩下的 28 部电影编剧都与黑泽明有关,其中的 7 部他是独立编剧,剩下 21 部中的 11 部,他是第一编剧。确实,除了导演的工作之外,他在很长时间里的工作内容,都是写剧本。他还常常参加剧本创作比赛,奖金不菲。曾有一次,他拿着两个剧本去应征比赛,一个得了二等奖,奖金 300 元,一个得了一等奖,奖金 2000 元,彼时,他的工作还是副导演,月薪是 48 元!可惜,这么大一笔收入,被黑泽明用来和情投意合的朋友们大喝特喝,直到把钱喝光……

说到喝酒,大概是因为体能不错,所以黑泽明的酒量也很好,他常常领了写剧本的稿费就去买酒找朋友来喝,喝完再写剧本赚稿费,这样写完就喝的生活持续了一年半。甚至喝酒喝出胃病的时候,据他所言,也是去爬爬山,山里游荡游荡,少喝一点就睡觉,过一阵子,胃病居然也好了!

在黑泽明自己写的那么多剧本里,他最喜欢的人物是姿三四郎。这部作品改编自一部小说,黑泽明在塑造这个人物时,倾注了许多心血,他说他特别喜欢"乳臭未干"的人物,因为这样的人物是在发展中,令人有无限兴趣,姿三四郎就是这乳臭未干的人物,淳朴、厚道。而黑泽明之所以喜欢姿三四郎,是因为他觉得他俩是一样的人。

正因为在这个人物身上下了太多功夫,所以当《姿三四郎》的电影取得成功,电影公司要求再拍续集的时候,导演自己都提不起第一次的劲了。对于电影导演来说,一部作品就是一段人生,不跟剧中这些人物融为一体,就没有办法拍好,而投入过一次,想要在这个人物上再投入一次，也是相当勉强的。黑泽明说，每当自己要着手拍新电影的时候，总要花费相当精力把前一部作品和其中的人物忘掉。

有趣的是，为了写自传，黑泽明不得不回顾过去的作品，结果，好不容易忘记的人物居然又苏醒过来，"争先恐后拥挤不堪，提出各自的主张与见解，使我大感为难"，想想那场面，倒是有趣得很。

自传里详细地写了多部电影作品生产的前后，最后一部提及的作品是《罗生门》。这部作品曾获得1951年的威尼斯电影节金狮奖，以及1952年的奥斯卡最佳外语片奖。《罗生门》讲述人性的复杂曲折，但在黑泽明眼里，当时日本的部分电影生产环境，也如人性一个可悲的侧面，令人失望。所以自传在说完《罗生门》的故事之后，突然终止。他说，"我不能继续写下去了，《罗生门》成了我这个电影人走向世界的大门，可是写自传的我却不能穿过这个门继续再前进了",他还说,"人不会老老实实地说自己是怎样一个人,常常是假托别人才能老老实实地谈自己,因此,再没有什么比作品更好地说明作者了"。

尽管还有二十年的人生故事,无法在黑泽明的自传里看到,但看到的已够丰富,特别是自己的少年时代,他着墨很多。读者会明白为什么黑泽明喜欢姿三四郎这个人物,因为在他的经历里,确实能看到相似的影子,虽然一路磕碰跌撞,但就如姿三四郎一样,淳朴厚道,始终在成长中。他本人评价姿三四郎时使用的"乳臭未干"这个词,用我们现在的话说,大概就是有"赤子之心"的意思吧。

> **选书有道**
>
> 丝绸之路相关的国家众多,历史漫长,很多国家的宗教、文化、社会结构有着极大的差别。可能正是这样的差别,使得碰撞从未停止,也使得东西方连接的地方始终是世界潮流的真正枢纽,各种思想、习俗、语言、文化都在这个大熔炉里,从未丧失过它的生命力。

《丝绸之路:一部全新的世界史》: 世界的中心在哪里?

有很长一段时间,西方世界都沉浸在西方视角里看世界,认为西方是世界的中心,认为东方是西方辐射所达的边缘而已,在世界一些顶尖大学,"东方研究中心"常常是一个不起眼的机构,而现在,人们的认知正在渐渐发生变化。彼得·弗兰科潘是英国著名历史学家、牛津大学拜占庭研究中心主任,他用一部皇皇巨著对世界史重新进行解读重构,将目光聚焦于东西方交汇的区域,将时间线索拉伸,从丝绸之路的"初起"到丝绸之路的"重生",详述"东方"到底是怎样深刻地影响了"西方"。

我们知道在丝绸之路上,在千年的时间维度里,东西方的物产一直有所交流，中国的丝绸、瓷器、茶叶被运到西方，波斯的珍珠玉石、香料、多种蔬菜水果等东方土地上没有的物产则来到东方。物产的交流只是一部分，随之而来的还有生活方式的改变，比如，当丝绸在罗马流行的时候，当地人惊呼婚姻关系的根基正在动摇，因为男人通过丝绸衣服可以看到女人的曲线，从而对女人失去想象；瓷器在波斯湾的流行，使得当地的瓷器仿制业高度发达，当地人进而发明了用钴来做青花瓷的工艺，而青花瓷后来成了中国瓷器的标志风格。

这只是丝绸之路上交流的极小例子，在这片网络上，伴随物质交换而来的是对彼此文化的认知，文化的交流在这里从未间断。作者说，"丝绸之路上的智慧空间与神学空间十分拥挤，神祇和宗教派别、神职人员和地方首领在这里相互竞争"，然而，正是这样繁忙的丝路上，诞生了影响全世界的宗教文化。人们久而久之可能忘却了

> 饱受战火的边疆地区百姓抱怨不断,那里的铜钱一文不值;粮食也会随着时间腐烂。于是,成匹的丝绸经常被用作货币,或作为军饷,或作为中亚佛教寺院惩罚犯戒僧人的罚金。丝绸作为一种奢侈品的同时,还成为了一种国际货币。

这一点:宗教发端于此,伟大的城市造就于此,东方的荣光令人难以想象。很多人认为罗马是西欧文明的祖先,却忘记了它与东方紧密相连,事实上,西方的宗教、文化、财富、生活方式,在很多方面受到东方影响。

作者特别提到,全球化在这些年似乎是个热词,但事实上,两千多年前就已经有全球化了,而且全球化得非常彻底。

当然东西方交汇处从来都是繁华与战乱交织存在,这里独一无二的资源、重要的战略地位,令人觊觎垂涎;掠夺与征服、反抗与独立,在漫漫的岁月里反复发生,以至于很多问题似乎已成死结、无解。

不妨把眼光放得离现在更近些,对于"丝路"以及"东方",怎样才算真正了解?怎样才算做对了?作者以相当的篇幅仔细追溯了美国等一些西方国家在中东地区的"作为",可以说,给出了极为明确的结论。

早在二战结束前,对亚洲中心地区的控制权争夺就已开始。苏联在伊朗的经营使美国不安,美国开始将大量的援助资金投向伊朗,拉动当地经济,提供军事与技术支持。美国在中东地区的下注之快,连昔日的英国都追赶不上,当美国在中东地区开始拥有自己的附属势力时,英国人对此非常嫉妒。当然,时隔半个多世纪之后,情况已经完全不一样。

美国曾经与伊朗"勾结"、与伊朗反目,与伊拉克交好、与伊拉克分裂;在阿富汗、叙利亚,美国也都做过类似的事,美国曾在20世纪90年代中期与塔利班政权建立联系,并一再要求对方交出本·拉登,五年后发生的"9·11"事件表明这种联系根本没有发挥作用……美国不是不知道亚洲的心脏地区有多重要,它采取的方式是"一直与魔鬼掷骰子",每一个决定都只顾眼前利益,但没有一个方案可以一劳永逸解决问题，最终进退失据。作者说，"近几十年来的局势表明，西方在应对该地区时，缺乏一种站在全球史角度的、更高更广的观察力"。

这大概跟西方社会没有真正意识到东西方交汇的这个地方以及"东方"的价值有关。作者说，他小时候最钟爱的一份礼物就是一张世界地图，"我不明白为什么大人们一直告诉我地中海如何如何重要，称地中海是人类文明的摇篮，而事实上，地中海很明显就不是人类文明的诞生地，更严重的问题在于'地中海'这个词本身的含义，也就是'地球的中央'，事实上，真正的地球中央并不是那片分割欧洲和北非的海域，而恰恰是位于亚洲的心脏。"

丝绸之路相关的国家众多，历史漫长，很多国家的宗教、文化、社会结构有着极大的差别。可能正是这样的差别，使得碰撞从未停止，也使得东西方连接的地方始终是世界潮流的真正枢纽，各种思想、习俗、语言、文化都在这个大熔炉里，从未丧失过它的生命力。

如今的丝绸之路，基础建设正在火热进行，新的道路、新的城市、新的机场正在不断出现，这里再度成为能源与财富交换的通道，也再次成为文化与艺术交流的舞台，看得见的网络与看不见的网络在这片区域同时编织着。作者说，"西方国家也处在十字路口上——如果它们的时代还没有结束的话"，而对于那些很长时间里西方没法给出答案甚至深陷其中的困惑，可能"新丝路"以及"东方"会给出答案。

> 选书有道
>
> 人在各种大小劫难之后，怎样把破碎的生活一点点拼好？安东尼说，不会去恨恐怖分子，但会用"幸福和自由"羞辱他们。是的，在伤害自己的人面前，站直、活好，是最挺拔的姿势。

《你们无法得到我的恨》：
巴黎恐袭后的日子

安东尼·莱里斯的妻子海莲娜，死于 2015 年 11 月 13 日晚上的巴黎恐怖袭击，当时她所在的地方是巴塔克兰音乐厅，仅那里一处，当晚就有 89 人丧生。《你们无法得到我的恨》是他一篇短文的名字，写于恐怖袭击发生后第三天。文字上传于他自己的社交网站账号，当时在网络上得到了广泛的传播，安抚了遭遇袭击后的法国人的心灵。同名书籍引进至国内，也用了这个名字，作者在书中讲述了袭击发生后数日内的生活变化，他与他年幼的儿子如何相依为命，彼此温暖，度过有生以来最大的难关。

恐怖袭击发生时，作者的儿子才 17 个月大，他等待妈妈给他讲睡前故事，等待妈妈唱歌、安抚，然而一切都没有再发生。从新闻里得知妻子所在的音乐厅遭遇恐怖袭击时，安东尼陷入了极度的紧张，与家人立刻进行了疯狂的寻找，却没有结果，在焦急等待后，他等到的是妻子在恐怖分子机枪扫射下已经遇难身亡的噩耗。

天塌了。三口之家失去了平衡。作者说，得知结果后的那几天，自己如同行尸走肉，只有思考的力气，连把思考的内容化成语言，都非常费劲，张不了嘴，也说不出话。可能任何一个曾经面对至亲离世的人，都能体会那种崩塌的感觉，更何况，这次死者不是生老病死，而是猝不及防倒在恐怖分子的枪下。这种愤怒与痛苦难以言表。

但是他还要为自己的儿子坚强起来。毕竟，这是一个才 17 个月大的孩子，没法让孩子所谓"一起面对"，除了全身心地呵护他，没有别的办法。安东尼学会了陪孩子吃饭、哄孩子睡觉、给孩子换

> 一阵机枪狂射,他们打散了我们的拼图。当我们一块一块重新拼起来之后,已无法回到原先的样子。这少了一个人的拼图将只剩下我们俩,但我们是完整的。她将和我们在一起,在那里,于无形之中。人们将从我们的眼中看到她的出现,她的火苗将在我们的喜悦中燃烧,她的泪水将在我们的血管里流淌。

尿片、帮孩子剪指甲,一切过程悲伤而机械,但是照顾好一个新生命,大约是此时撑着他的唯一信念。尽管他精疲力竭时也会痛哭,尽管在儿子手指着妻子照片时他也会悲从中来,但是在巨大的孤独与悲痛中,他已经下定决心,不能输给它。

正如他的文字所写:"我们只有两个人,我儿子和我,但我们比这个世界上所有的军队都强大。而且我也没有太多时间留给你们,我得去陪快要从午觉中醒来的儿子。他刚满 17 个月,他马上就要像每天那样吃下午茶点心,然后我们要像每天那样一起玩。在这一生,这个小男孩将以他的幸福和自由羞辱你们。因为,你们同样无法得到他的恨。"

这本书的译者说,恐怖袭击发生后,巴黎市民或赶到现场,或敞开家门,在互联网上公开自己的电话号码与住址,全力帮助在袭击中受伤或无法回家的人。在每个袭击地点,到处都贴满了"我们不怕"、"吓不倒"等纸条——恐惧感,没有弥漫也没有控制这座城市。

安东尼照常带儿子去托儿所,在那里,他得到了加倍的关怀。在一段时间里,其他妈妈自愿轮流承担起了照顾他们饮食的任务,每天都会精心烹制美食让他们带回家,今天是这家的菜,明天是那家的菜,只是希望孩子能够继续吃到带有妈妈味道的家常菜。尽管这些菜不一定合父子俩的胃口,但安东尼理解这是妈妈们的心意与爱,他选择接受。

在书中可以感受到,恐怖袭击完全打碎了安东尼的生活,当生活变成碎片,再去拼凑,是个漫长的过程。从最初的极度空白,到渐渐回过神,再到挑起照顾孩子的担子,他的情绪始终非常克制。他在得知噩耗后没力气多说话,然而他依然要完成很多必须去完成的事:与警察见面,与海莲娜见最后一面,以及为她举行葬礼等等。

他不愿意接受社会救济,他也不愿意看到人们欲言又止的安慰眼神,但是他理解人们的心意,并且最终愿意接纳。他说自己也很想有懦弱的权利、愤怒的权利、无能为力的权利、疲倦的权利、害怕的权利、不愿意的权利……但他没有使用这些权利,他确实戴上了面具,只在关上家门之后才崩溃。

他直面孤独,"选择与孤独同处"。在恐怖袭击发生后一年的时间里,他唯一留在网络上的文字就是那段《你们无法得到我的恨》,唯一发表的作品就是此书,而剩下的日夜,我们或许可以想象,是由哪些东西填充:照顾孩子日常起居,继续工作养活自己和孩子,以及在渐渐忙碌起来的日子里,依然会在某些瞬间袭来的排山倒海般的孤独。

这是普通而又不普通的生活,这是可以感同身受却未必人人都扛得住的生活。直到书的最后,我们也很难判断安东尼和儿子目前的生活怎样,更无从判断需要多长的时间,他们才能从痛苦里走出来,但是他们一定会认真去生活,会享受人间,这不仅是为自己,也是为逝去的亲人。

他们所需的只是时间。

这本书文字并不多,但处处击中人心。人在各种大小劫难之后,怎样把破碎的生活一点点拼好?安东尼说,不会去恨恐怖分子,但会用"幸福和自由"羞辱他们。是的,在伤害自己的人面前,站直、活好,是最挺拔的姿势。

> **选书有道** 一般的旅行,只是短暂停留,很难细细嚼出生活的味道。所谓生活,总是要有一定的时间长度,而大部分人很少有机会抛下工作去一个地方定居一段时间,因此看别人的游记,权当自己也去了。

《非洲手记》:
在游记里看世界

严歌苓的小说作品多,但游记很少,这部《非洲手记》是她随先生去非洲工作时的观察所得,从当地的环境说到饮食,从风俗说到人情往来,有许多有意思的细节。对于未曾去过非洲的读者来说,这当然是一个全新的世界,对于去过的人而言,视角不同,也能看出新意。

游记有很多种写法,按时间顺序是一种。比如雨果的《法国和比利时游记》,记载着雨果 1834-1837 年间四次断断续续的旅行,地方是法国的西海岸和比利时。他将旅途中的见闻与感受写在给友人的信里。读这样的游记,就像跟着作者一起旅行,沿途的风景,各种感受,作者的观察,都一步不落。

而严歌苓的这部手记,不按时间顺序,是按在非洲生活时有特殊记忆的不同片段来写,读这类游记,仿佛随着作者在那里生活。

这个城市是非洲的阿布贾,尼日利亚的首都。这里一年只有两季,半年旱、半年雨。一到上午十点,太阳就像要把所有东西点着,下午也有40摄氏度,大雨说来就来,但每个早晨都雨过天晴。城市经常断电,电视信号会断,电脑网络也会消失。

阿布贾的城市特色是多弯、坡大、石头遍地(哪怕是路上的碎石,都是花岗岩)。这里最常见的交通工具是一种叫作"奥卡达"的东西,意思是"摩托计程车"。这种车招手即停,很方便,但由于非常迅捷,用作者的话说,乘客司机"生死由天"。然而因为奥卡达司机的收入还不错,基本可以养家,所以依然有很多人从事这一行。

由于坡地多,所以高处看市容,阿布贾也有其特点。城市有一

> 你在旅行方面总是神游,从书本到书本,从思想到思想,从来不是真正从一个地方到另一个地方。你总是在同样的树阴下度过夏日,在壁炉旁度过冬天。你要我这个到处漫游的人,在离开巴黎之后,对孤单寂寞的你谈谈我所做的和我所看到的东西。好,我答应你。

半是高楼住宅,还有一半则是贫民窟。城市里最美的建筑往往是教堂或者清真寺。当然城市里还有很多普通甚至简陋的住宅,因当地政府的一些政策遭到夷平,有些人因此失去了家和聚会的场所。

当地人生活辛苦,失业率超过百分之六十,有很多年轻人想通过教育或被教育改变命运,但这条路也非常辛苦。严歌苓看到的这座城市,有腐败无能的一面,也有乐观尊严的一面。阿布贾城市边上有一座山,名叫阿索岩,整个山脉就是一整块岩石,尤其在日出之时,山体通红,非常壮观。除了这座岩石之外,整个阿布贾都是比较舒缓的,作者说阿布贾是"躺着的","仅仅因为纽约、旧金山甚至北京都扎着架势站着,她(阿布贾)就不能躺着吗"?阿布贾起身是不可避免的,只是它没有那么急迫。

阿布贾的蔬菜很少,想要吃到中国口味的蔬菜是难上加难。有人说,中国人走到哪里,就把菜种到哪里。如果家里有绿地,十之八九会变成菜地。严歌苓也不例外。她与先生住的地方后面有个院子，她翻土开垦，种了上海青、扁豆，虽然长得很不顺利，但在那里的日子也算能吃到家乡的蔬菜。当地的肉食也很少，想要吃点肉，大约要提前一个月向肉食公司预订，到时能不能来货还不知道。海鲜更是非常奢侈，难得在商店遇到海鲜，也完全要看抢不抢得到。看上去阿布贾也没有鲜花可卖，但事实上，只是没有人们认为的鲜花，相反，城市户外花草茂盛，花的色彩也都非常狂热，自带旺盛的生命力。

这就是阿布贾。

严歌苓的先生在美国驻尼日利亚的大使馆工作，所以作者还记录了外交人员在阿布贾的生活。她从美国大使馆的办公楼开始说起。这是全城最现代的建筑，但在她看来，里面的很多设施不是为了愉快，而是为了防范，周围的开阔地不是为了审美，而是为了防弹。

使馆人员和家属可以有的业余安排也不多,首先的规定是"不许乘坐奥卡达",其次,他们的放松方式就是周末时轮流做东聚餐,组织健康长跑,相约逛个市场,如此而已。

手记是记录下自己的一段生活,但所涉及的当地风土人情,可能是除了作者的生活外,更有看点的东西。一般的旅行,只是短暂停留,很难细细嚼出生活的味道。所谓生活,总是要有一定的时间长度,而大部人很少有机会抛下工作去一个地方定居一段时间,因此看别人的游记,权当自己也去了。

再回到雨果的《法国和比利时游记》,他经历名城、流连乡野,不管是晨曦落日,还是大海山川,他都一一描写记录,细微的情绪与磅礴的情绪、宽阔的视野,甚至超出很多人的感受。读他的游记,仿佛亲历,更是神往。

他对朋友说的话,大约就是对所有爱看游记的我们说的——

"你在旅行方面总是神游,从书本到书本,从思想到思想,从来不是真正从一个地方到另一个地方。你总是在同样的树阴下度过夏日,在壁炉旁度过冬天。你要我这个到处漫游的人,在离开巴黎之后,对孤单寂寞的你谈谈我所做的和我所看到的东西。好,我答应你。"

> **选书有道**
>
> 听这些一生致力于研究厨艺的大神讲料理艺术,会有醍醐灌顶之感。一方面是该种料理的精要之处自己不曾得闻;另一方面,几十年做同一件事,单调已极,但恰恰在单调中孕育出最丰富的意义,世间的奇妙,就是如此。

《巨匠的技与心》:
原来那些年的日料都白吃了

熟悉日本菜的食客大约都知道寿司、鳗鱼、天妇罗,它们被称为日本三大江户前料理。该书作者访问了致力于制作这三大料理的三位日本国宝级的名厨,他们的讲述不仅展示了烹饪的技巧,更阐述了他们对于"怎么做好美食才是道德良心"的认知,令人在了解美食制作之余,深深为美食世界里的奥妙与坚持所感动。

第一位大师是寿司职人小野二郎,他7岁时进入日料店工作,25岁开始研修寿司料理,39岁时自立门户开店,现年80岁,依然每天在店里做寿司。还有一位是金本兼次郎,12岁起跟着父亲学习鳗鱼料理,满30岁时接过父亲的店铺,今年78岁,仍每天在店里服务。第三位大师是早乙女哲哉,中学毕业后开始料理学习,30岁时开设自己的第一家天妇罗店,多年来因其扎实的料理技术,被业界奉为天妇罗的天才料理师,现年70岁,也依然每天在店里操劳。

所谓江户前,是指原来日本的江户城前方的一片海域,那里出产的渔获肉肥味美,久而久之,那一带的料理也就逐渐建立了自己的特色,如寿司、鳗鱼、天妇罗等经典料理方式也就被渐渐流传下来,被人们叫作"江户前料理";现在很多中国食客熟悉的日本料理,指的就是"江户前料理"。

然而,听这几位大师讲述他们的料理心得,我发现,以前吃的日本料理根本是白吃了!因为完全没有吃到这几款料理该有的精妙!

小野二郎说,不能用冷掉的饭来捏寿司,寿司饭必须和人体的温度相当,而寿司在师傅手里捏成型的那一刻,温度是最好的,寿

> 我每炸一道天妇罗，必然会找出它最完美的那个平衡点，多一份少一毫都不行。不能只能"差不多"的程度，而是要追求刚刚好的那个点。必须将种种的可能性列入考量，最后才能炸出完美的天妇罗来。为了这个目标，我赌上一切。

司一端出来就应该立即被享用（否则跟用冷饭捏有什么两样），不然软硬口感与味道都会发生改变。因为如此，他们的寿司店每天都会连续烧几锅热饭来备用，煮好之后拌入醋，让醋稍微渗进饭里，温度与味道正好。食客也需要按预约的时间来，否则就做不到彼此在最好的时间相遇。小野二郎说，"美味寿司的关键性因素，醋饭占了百分之六十"，而一般的寿司师傅认为，醋饭上面所摆的鱼鲜占了百分之七十至八十。当然，渔获好也很重要，但是遇到渔获不好的季节，还要保持寿司的水准，所以依然是醋饭最重要。回想一下自己吃过的寿司，是不是大部分都是冷的，是不是从来没有体会过跟人体温度一样的醋饭与寿司？我们吃的大部分寿司都是"过去的"，而不是"正正好"。

说到鳗鱼，现在流行的吃法是蒲烧，而这正是江户一带的发明。正宗的江户前鳗鱼料理时需要经过五个步骤：剖鱼、穿签、白烧、清蒸、酱烤，经过这些步骤，鳗鱼会变得滑嫩可口。其中最重要的一步是白烧，这是江户前鳗鱼料理的特有步骤，因为，经过这一步，鳗鱼的口感才会绵滑柔嫩，如同嫩豆腐一样。鳗鱼料理遇到的挑战是野生鳗鱼很少，养殖鳗鱼的肉质与鲜美都不如野生鳗鱼，而依然要料理出本来的味道，那就真是要靠厨艺了，做了六十多年鳗鱼料理的金本兼次郎，功夫正在于此。从剖鱼到酱烤，每一个步骤都要随着鱼本身的材质微调、改变，这其中的分寸，真是只有"道可道，非常道"，只在手下、心中，很难言传。

有多少人认为天妇罗就是油炸各种蔬菜或油炸虾的？然而，天妇罗好吃的地方在于"甘甜"、"鲜美"。如果只是把天妇罗当成油炸食品，在这种观念的影响下，厨师做不出像样的天妇罗，食客也体会不了真正的天妇罗。早乙女哲哉举例说，虾肉讲究趁新鲜时下油锅炸，时间要控制在24-25秒间，一旦超过这个时间，虾肉天然的甘甜味就会消失不见,所以火候的把握极为重要;而炸地瓜最重要的是要让油温正好到可以让地瓜里头的淀粉遇热变为液态的糖浆……由于不同油的性质都不一样,所以这里面的差别只有反复揣摩才能得出,如果厨师只是用"差不多就可以了"、"大概就好了"的态度做菜的话,在早乙女哲哉看来,这不像"料理",而像"饲料",离烹饪艺术相差太远了。

听这些一生致力于研究厨艺的"大神"讲料理艺术,会有醍醐灌顶之感,一方面是该种料理的精要之处自己不曾得闻(所以算是白吃了);另一方面,能有这般的厨艺,确实有"道理"的支撑。他们都已近七八十岁,但至今还在店里工作,用他们的话说,"本分而已",天赋之余还有定力,令人敬佩。

按说,几十年来,人们的口味会变,食材也会变,比如做寿司醋饭的醋变了、盛醋的桶变了、做鳗鱼料理的鳗鱼变了(养殖的代替了野生的)、炸天妇罗的油也变了,等等。变是在继续的,这些料理达人的过人之处,就是在随着变化,不断微调自己的料理方式,从而保持成品口感的相对不变。变中求不变,殊为不易。

几十年的料理都能做出同样的味道,是技术活儿,也是艺术活儿,且是体力活。手艺不堕,至少说明身体状况不错,所有动作不走形。那么,是什么让书中这几位日本料理界的"现代名匠"始终保持健康的状态呢?他们中有人说,做自己喜欢的事就很开心,开心了就身体好;也有人说,至今坚持步行上班,每天一万步是小事一桩……无一例外,他们都对学艺的年轻人说,要让自己的人生"过得丰富而有意义"。

仔细想来,几十年做同一件事,单调已极,但恰恰在单调中孕育出最丰富的意义,世间的奇妙,就是如此。

> **选书有道**
>
> 作者通过极为丰富的资料，认真讨论了"平庸的恶到底有多恶"这一概念。今天的我们已经熟知这个说法，再看此书的时候，会了解其产生、由来，了解几十年前，在当时的社会环境下，进行这番思考的价值。

《艾希曼在耶路撒冷》：
一份关于平庸的恶的报告

阿道夫·艾希曼，是德国纳粹对犹太人大屠杀的主要执行人。战争结束时，艾希曼被美军逮捕并关进监狱，但没暴露真实身份，后来他越狱出逃，几经辗转，隐居在阿根廷。1960年5月，他被以色列特工找到，1961年4月被带到耶路撒冷地方法院，经过9个月的审判，他被处以绞刑。作者汉娜·阿伦特聆听了庭审，为《纽约客》发表了系列文章，就是此书。她提出了很多问题，当时的极权制度如何驱使人们犯罪，犯罪者又是一种怎样的心理？而当大众认为的施害者居然丝毫不认为自己是在犯罪时，我们的认知边界在哪里？

艾希曼出身于中产家庭，曾在石油公司工作，积极上进，"受够了匿名徘徊于不同世界"。被石油公司解雇之后，他加入党卫军，在保安部谋得了一个职位。在这里，他接触到了犹太人的转移工作，而他的"努力上进"，让他在这份工作上游刃有余。他在上司的指导下认真读过犹太复国主义的经典之作，这使他看上去成了一个犹太问题专家，善于与犹太人进行"沟通"。

20世纪30年代，犹太人面临的是"强制转移"，作为具体的操作者，艾希曼显示出了他的"才能"。由于"强制转移"需要的环节众多，他经过观察，将其变得更为"高效"。曾经受他邀请参观过办事场所的人，惊讶于他的设想，"这就像是一个自动化工厂，一个连通面包店的面粉厂。这一端是一个有头有脸的犹太人，他也许拥有一座工厂、一家商店或一所银行；走进这个建筑，从一个柜台到下一个柜台，从一个办公室到另一个办公室，走到另一头时，他便

> 正义要求最大程度的回避,允许悲痛但不要愤怒,杜绝成为万众焦点的那种快感。恶来源于思维的缺失。当思维坠落于恶的深渊,试图检验其根源的前提和原则时,总会一无所获。恶泯灭了思维,这就是恶的平庸性。

身无分文,没有任何权利,而只有一份护照,上面写着:'您必须在两周内离开这个国家,否则您将被遣送至集中营'"。

在强制转移了成千上万犹太人之后,艾希曼认为自己是"十分高兴地、愉快地为达成这一解决方案与各方合作,因为这个方案也是犹太人民自己所赞成的,我认为这是最适当的解决方案"。

汉娜·阿伦特眼里的艾希曼仿佛不会"换位思考",在艾希曼看来,犹太人非常想要"转移",而自己正好帮助了他们。他令人吃惊之处不仅于此,在耶路撒冷漫长的九个月审判里,人们时常发现他的语言几乎全由官方语言体系组成,这些官方词汇源源不断地从他嘴里出来,以至于人们不知道哪句话才是真的。

"努力工作"的艾希曼在 1937 年到 1941 年间,得到四次晋升。十四个月内,他从党卫军少尉升成上尉。又过了一年半,他升到党卫军中校军衔,不久就受命参与"最终解决",只不过此时他的部门已经没有了晋升空间,此事令他难过。

艾希曼参加了于1942年1月召开的一次秘密会议——万湖会议,他是会议的记录者。正是这个会议让德国各部门讨论如何通力配合来实现所谓对犹太人的"最终解决",据说不到一个半小时,讨论就结束,而后共进午餐,就像一个"舒适的小型社交聚会"。会后,艾希曼的工作重点从"强制移民"变成"强制撤离",具体做法就是,找出犹太人,做好标记,根据不同解决中心的容量调配车辆。当满载犹太人的车辆到达一个中心,身强力壮的人去操作各种灭绝设备,剩下的人被立刻处决。

用艾希曼自己的话说,他"从来没杀过任何一个犹太人,也没有下令杀过一个人,事情就那样发生了,而我什么都没有做过",在开始执行"最终解决"方案之后,看似他没有亲手杀死一个人,但无数人却在他手下有效率地筛选、分配、移送到集中营,并在那里惨遭集体杀害。

和艾希曼一样,当时的德国人,仿佛都在热忱地从事反犹事业。他说,他看不到任何一个人,真正反对对犹太人的"最终解决"。他甚至还发现,犹太人的合作,对他的事业帮助特别大。

犹太人无论在哪里,都有公认的犹太领袖,而这些领袖,无论采取什么方式,几乎都毫无例外地同纳粹合作。作者说,"假如犹太人民的确没有组织、没有领袖,那么就会乱象丛生,灾祸遍地;但是那样一来,受害者的总数则很难达到450到600万之间"。

"犹太官员被委托拟定人员及其财产名单,从被遣送者手中收取钱财用作其乘车费和灭绝费,监督清空公寓,提供警力协助抓捕犹太人,再把他们带到火车上,直到最后,把犹太社团的财产有序上交充公。"

纳粹在欧洲,引起的是全面道德崩溃。

艾希曼思考的事，始终是怎样将工作做好，他的沮丧不是来自生命被残酷褫夺，而是来自自己的工作很难再有晋升之道。如果他曾"良心不安"，那是发生在他觉得自己没有执行好命令的时候。在德国正式战败那天，"我感觉我将不得不过上没有领导、异常艰辛的个人生活，我将得不到来自任何人的任何指示，再不会有任务和命令指派给我，也没有可资参考的规章制度了——总之，一句话，一种前所未闻的生活横在我面前"。

……

阿伦特说，艾希曼甚至长相上都很平庸，一点没有"恶人"的模样，他的心理也不变态，他只是一个想把工作做好的正常人，然而这种正常，才是可怕的原因。因为他根本不进行任何思考，"这种远离现实的做法、这种不思考所导致的灾难，比人类与生俱来的所有罪恶本能加在一起所做的还要可怕"。而当时的德国，有千千万万这样的人。

  这是一本绝不轻松的书，庭审结束后一年，书就结集出版了，最初出版的时候也曾引起轩然大波。当然，作者并非没有不当之处，有一些地方也显现出作者的个人情绪，甚至字里行间的嘲讽与晦涩，读着也并不舒服，但是最重要的是，作者通过极为丰富的资料，认真讨论了"平庸的恶到底有多恶"这一概念。今天的我们已经熟知这个说法，再看此书的时候，会了解其产生、由来，了解几十年前，在当时的社会环境下，进行这番思考的价值。

> 选书有道
>
> 虚拟出来的那几位主要人物,每一个都热乎乎地活着,热乎乎地对,热乎乎地错,每一个都在循着自己想走的路使劲走着,即便走歪走错,也是一声叹息,而不令人藐视。波澜壮阔的历史叙述,社会种种生活风貌,纠缠的人物命运,如此这般地荡气回肠,使人拿起书就放不下。

《巨人的陨落》:
遥远的历史就这样站在你面前

爱伦坡终身大师奖得主肯·福莱特的这部作品,分为三部,全文大约59万字,以第一次世界大战前后共计十二年为背景,以众多人物的奋斗、反抗、浮沉为线索,展现了那个巨变的历史时代壮丽的一面。全书从1911年6月写起,到1923年11月终,虽然篇幅很长,但读来酣畅淋漓。彼时的英国、法国、德国、俄罗斯、美国等国家,以各自的方式卷入历史巨变。

历史虽然是宏大的,但从来更是微观的。在这十二年的时间里,无数人物的命运被彻底改变,人物的际遇变迁与战争以及时代的剧烈变革相融合,一段遥远的历史幻化为每个人物的具体命运,从未如此真实。

小说开始时的英国，乔治五世刚刚加冕，社会主义思潮已经兴起，贵族的生活在没落，平民的平等思想正在崛起、敢于抨击社会的不公，罢工常常举行（艾瑟尔与比利的父亲就是一位工会的领导人，父亲的冷静与理性也影响了姐弟俩的思维方式）；彼时的俄国，沙皇的统治引起民众的强烈不满，俄国参加一战点燃了社会的反对，直接导致制度的颠覆；彼时的德国，自从普法战争后，实力超过法国、英国，自信满满，一心想着用战争继续证明自己。

小说里人物很多，极富代表性，每个人物身上都承载着时代特征，每个人物都很难用三言两语来形容，充分显示了其复杂性。无论是英国的比利、艾瑟尔姐弟，还是菲茨、茉黛兄妹，还是德国的奥托、沃尔特父子，或是俄罗斯的格雷戈里、列夫兄弟，每个人的路径都不一样。有人起初懵懂，但逐渐成长为有独立思想的人，不

> 不用提前计划,也没有客人名单,更不必请人承办酒宴。没有赞美诗,没有演讲,也没有喝醉了想要亲吻她的亲戚。只有新郎新娘,以及两位他们所喜欢、所信任的人。

仅为自己的生活奔走,更为其他人的福祉鼓呼;有人一心想要挽留帝国的荣光,却渐渐被社会的巨变甩在身后;有人投身战争,勇敢地为自己的国家而战,寻找一切胜利的可能;还有人游手好闲,从未正经生活过,始终在侥幸偷活……在漫长而丰满的故事里,仿佛看到了这些人的一生,甚至当合上书卷之后,还不愿意与他们挥手告别,因为不知道他们后来的命运又如何:那些战胜了命运的,能不能继续骄傲地活下去;那些苟活下来的,还能掀起多大的风浪。

如果故事彼此间都独立,可能吸引力反而没那么强,在作品里,这些人物彼此都有不浅的关系,正因为如此,战争与变革带来的分裂或融合,才令人信服。

要把人物交代清楚,大概要画谱系图才行,在这里试举几个人物的关联,感受一下。全书开始的第一页,就写了英国小矿工比利下井第一天的故事。比利后来参战,战后投身社会工作,成长为有独立思想的人。比利的姐姐叫艾瑟尔,本来是菲茨伯爵家的女佣,与伯爵有私情,但在私生子出生之后,反而逐渐看清楚了贵族的面目,拒绝了照拂,转而选择自己独立养大孩子,同时为英国妇女的权益四处奔走;菲茨伯爵的妹妹茉黛虽然出身贵族,也有着自由的思想,她的爱人是沃尔特,其在战争中为自己的国家德国四处奔走斡旋,上战场、去敌国;菲茨伯爵的妻子来自俄国,她家曾经剥削过的农奴中就有格雷戈里一家,格雷戈里后来成长为一名布尔什维克,在攻占冬宫、保卫列宁等多个历史画面中留有印迹……

全书出现过的人物实在太多,以上只是很小一部分,人物有虚有实,诸多真实的历史人物与他们交错在一起。作者的观点是,"有时,真实的人物出现在了虚构场景中……真实人物与我虚构的人物对话时,他们通常说的都是实际上说过的话……"。当在书中看到英国的乔治五世、温斯顿·丘吉尔,法国的霞飞将军,德国的兴登堡、鲁登道夫，俄国的列宁、托洛茨基，听到他们的观点或重要场合的讲话时，发现那些确实都是他们曾经说过的话，只是现场的听众里被作家修图一样修进去一个虚拟人物而已，小说的背景因此更加真实。

当时德国为了不让俄国参战，就努力资助俄国的布尔什维克，希望他们推翻沙皇，从而退出战争，而最初给列宁送第一笔资金，后来又曾进入俄国去送钱的人，在小说里，就是德国那位沃尔特；而炮打冬宫的现场组织参与者，是小说中的另一位重要人物格雷戈里；事实上，历史上总有一些人确实做了这些事，只是作者让虚拟人物代劳了。

在其余细节上，作者力求与历史真实对应，使得这部作品成为一部当时欧洲与美国的社会生活史。菲茨伯爵在自己的城堡中招待来访的国王与王后那几个章节，完备地介绍了各种当时的风俗礼仪，那时的城堡构造、生活设施也都一一写尽；而各个国家普通人家的生活起居、社交场合的流行风潮、城市街镇的样子、建筑物的风格、甚至战场上壕沟的特点，在书中都有详尽的描写。

作者有很多历史顾问，帮他在各类细节问题上把关，如香槟酒、火车车轮、战争中用的武器型号以及特征、军人妻子分居津贴怎么发放等这样的微小细节，他都交代得非常清楚，这令读者信任，也令读者投入。

虽然这是一部以战争为背景的作品，但并无颓唐沮丧之处。虚拟出来的那几位主要人物，每一个都热乎乎地活着，热乎乎地对，热乎乎地错；每一个都在循着自己想走的路使劲走着，即便走歪走错，也是一声叹息，而不令人藐视。波澜壮阔的历史叙述，社会种种生活风貌，纠缠的人物命运，如此这般地荡气回肠，使人拿起书就放不下。

书很长,那些奔腾的文字值得花时间好好读,大数据说,三个通宵可以看完;我的经验,利用一切碎片时间的话,一周时间是够的。

而这一周,是多么愉悦的一周。

> **选书有道**
>
> 人们回忆往事，无非也是那些曾说过听过的言语、或哭或笑的情节、曾经融融泄泄的场景，只不过少有人能清晰记住那些细节，记住的，也少有耐心一点点写下来，写下来的也很少有人能像沈复那样，写得并不渲染，缓缓道来却情深意重。

《浮生六记》：
一部写给中年人的作品

《浮生六记》是清代人沈复的作品，"浮生"二字取李白所云"浮生若梦，为欢几何"，一书写尽沈复的一生。这次我读的版本是张佳玮的译本。张佳玮是豆瓣人气作家，当年的新概念作文比赛获奖者。他的译本基本按照原文节奏翻，句式字眼，尽量保留，只略作敷衍，"原文如骨，我所做的，就是起承转合间加一些筋肉，尽量保持文脉通畅"。译本比较克制，整个调性跟原文相似，娓娓道来，悲喜间阅尽人生。

沈复在书中不厌其烦地写了许多家事，还有自己各种游历，细节繁多，后世无数读者倒是得以见到那时的市井生活，看那时的人，究竟怎样活过。

年轻时读《浮生六记》，挺烦里面那种家长里短、絮絮叨叨，人到中年方才明白，那是最摸得到的温暖。沈复的家长里短之有情趣，是因为他有位聪慧的妻子。林语堂说，沈复之妻陈芸，乃是"中国文学中最可爱的一个女人"，她并没有受过专门的教育，然而算是"自学成才"，颇认得一些字，重要的是，她能跟沈复一起赏花品月、饮酒习诗，用今天的观点，应该是有不少"共同语言"。尽管丈夫的观点更为专业，但她作为家庭妇女，能够对谈应和，可见聪慧。张佳玮说，陈芸最难得的是聪慧之外的默然，她并不张扬。

陈芸手巧，沈复的衣服都是她织补，虽然不是富余人家，但是衣服始终整洁如新，有模有样。她将家中残缺不全的书或画，也都一一补好，再卷起藏好，不至于佚失。沈复常与朋友饮酒往还，她做了一个食盒，几个小碟子放下酒菜，组成梅花形状，虽是苦日子，

> 闲来静处,且将诗酒猖狂,唱一曲归来未晚,歌一调湖海茫茫。逢时遇景,拾翠寻芳。约几个知心密友,到野外溪旁,或琴棋适性,或曲水流觞;或说些善因果报,或论些今古兴亡;看花枝堆锦绣,听鸟语弄笙簧。一任他人情反复,世态炎凉,优游闲岁月,潇洒度时光。

却过出自己的滋味。旧时女子,善于女红,也不算什么事,陈芸难得的是,除了操持家务,很有"浪漫"情怀,有一次她女扮男装,与沈复出游,直至向人借过时不小心按到了另外女子的肩头,女子大叫起来,她这才"暴露"身份,俩女子相视大笑。她也有雅心,夏季荷花白昼盛开,晚上闭合,她用小纱囊,撮少许茶叶放在荷心,次晨取出烹雨水泡茶,香味非常雅致——使人想起《红楼梦》里妙玉用雪水泡茶的事——这样的女生,有点"情调",难得的是,那个年代有人能欣赏。

沈复与妻子一往情深,但《浮生六记》之所以为"浮生",乃是因为开篇喜,续篇却悲。所谓"情深不寿",陈芸身体羸弱,到三十出头就因病离世,徒留沈复日夜回忆与妻子相处的种种细节,然而当时有多甜蜜,记忆就有多悲苦,所以"六记"里面的《坎坷记愁》简直是一片愁云惨雾,读之分外悲惨。尤其到了家境变差,陈芸生病,沈复四处奔走去找些钱资贴补家用,那种悲凉,简直难以形容。再到陈芸病故,沈复父亲病故,他唯一的儿子早夭,沈复的人生简直悲到极点,几乎不忍心读下去。

真是浮生如梦,为欢几何。

沈复回忆自己小时候特别喜欢观察事物,两个小虫子打架也能看半天,还能想象出许多情节,可能这种天分,造就了沈复不俗的艺术鉴赏力。他养花种草、吟诗作画、探幽冶游,无一不精。单以养花来说,就能洋洋洒洒写一大篇。从最爱是兰花说起,到如何插花才是好看(选什么样的瓶子,如何固定茎梗,最后要什么效果,详细记之),再到剪裁盆景之道,由盆景再说到灵璧石,再聊至园林布置,大小虚实如何调配,倒真是说出不少精妙要义。放在现代,沈复见多识广,品味不差,应该是一个非常好的聊天对象。

他的工作是幕僚,因此常随上司从一地到另一地,也就有了看四处河山的机会,加之少年求学,与友同游等等,真去了不少地方,他自己说,三十年来"天下所未到者,蜀中、黔中与滇南耳"。

少时他曾去山阴,后游杭州,文中特意记了苏小小墓,而作为苏州人,遍游苏锡,应该是情理之中的事。浙江、安徽都有他足迹,他还曾在广州盘桓数月,深度领略了当地的市井风情。在最愁苦的时候,朋友为了帮他排解,带他一起去远游收租,他因此到了"永泰沙",那里便是崇明,他对崇明的描写是"风雨晦明,恍如太古",说那里的民风之淳朴就像远古时代。

沈复一字一句回忆与妻子的相处,回忆与朋友的相处,往日美好太过深刻,难以超越。人们回忆往事,无非也是那些曾说过听过的言语、或哭或笑的情节、曾经融融泄泄的场景,只不过少有人能清晰记住那些细节,记住的,也少有耐心一点点写下来,写下来的也很少有人能像沈复那样,写得并不渲染,缓缓道来却情深意重。

就像看普鲁斯特写《追忆逝水年华》,越到后来,越觉得它的好看,实在是因为有了阅历,有了一定年纪之后,对世事万物的理解,对家人的珍视都进入了更深的境界。

人生若只如初见,当时只道是寻常。

> **选书有道**
>
> 绘本里的图,是一幅画,而又不只是一幅画,它可以提供的"看点"很多,因此,怎么读图,这里头的技术也大有讲究。知道怎么去读一本绘本,绘本的世界真就豁然开朗了。

《好绘本如何好》:
亲子阅读也需要指南

这部书的作者郝广才自己是一名绘本作者,同时也是绘本的研究者与推广者。他说"绘本是儿童进入阅读世界的不二法门",他甚至认为,很多问题的根源,"八成是小时候没有看图画书,两成是因为长大没有看图画书"。当然,这是幽默的表达,只为证明,绘本对儿童的重要性。

小时候没有绘本可看,我的启蒙读物是连环画,大量的连环画,"绘本"这个概念是在自己做了妈妈之后才大量接触的。绘本与连环画当然不一样,而我一直想知道,绘本的奥妙是什么?一本好的绘本到底好在哪里?坦白说,在读这本《好绘本如何好》之前,这些问题没有找到确切的答案,直到读完它。

我们总是强调所谓"阅读能力",除了文字的阅读能力之外,人还需要有"视觉的阅读能力",而后者,可以帮助读者更好地欣赏"美"的东西。让孩子读绘本,正是要培养孩子欣赏美的能力。绘本里的图,是一幅画,而又不只是一幅画,它可以提供的"看点"很多。因此,怎么读图,这里头的技术也大有讲究,知道怎么去读一本绘本,绘本的世界真就豁然开朗了。

为什么要特别强调"好绘本"呢?因为只有从小知道什么是好的,小朋友才会有辨别力,不够好的东西才不会入眼啊。

绘本的形象有各种造型。常见的造型是头大大的,与身体差不多1:2或1:3的样子,外形萌萌地、绒绒地,"圆"出可爱。还有的造型是用厚重的方块制造"呆萌"的感觉,也很可爱。即便有的造型线条很多,角度锐利,但总体而言,却是一种"憨直"的味道。

> 一本好书未必能找得到最完美的解释,也未必能回答孩子的疑问。但它提供一个"体会的过程",让孩子学会打开情感的出口和入口。读者的眼睛需要被引导,就像上菜有一个顺序,才能使菜式彼此协调,互相烘托。

一般而言,看了封面,对造型就有了感觉,打开绘本,开始进入完整的世界。每幅图的内容都是很丰富的,图里面有许多细节值得看。比如画的构图,里面角色的视线角度,主角与配角(常常是小猫、小狗)的关系等等。有的绘本画面很简单,有简单的力量,有的很丰富,千万不要以为那是作者闲着没事才画那么多,里面常常藏着作者的巧心思呢。角色有静有动,动静之间也都是作者的设计,读者也可以细细体会一下作者的各种动作设计,到底想要说什么。

"单调的图画留不住记忆。"

好的绘本作者会利用这些画来激发孩子想象,让孩子好奇后面的走向。作者的每幅图都可能与前后图有关联有呼应。要去发现这些重要的细节、"暗号"、线索,需要孩子的观察力,而这种寻找与发现的乐趣,正是孩子喜欢的。不过郝广才特别提醒家长,可以去引导孩子发现，但千万不要以"发现"作为唯一指标、甚至当孩子发现不了那些线索时，大人还要批评孩子——这就背离了阅读的出发点。读绘本本来就是为了让孩子体会美，如果孩子在画面里、色彩里也很享受，就忘掉故事的线索吧。

绘本里是有故事的，好的绘本不会在里面塞很多个主题，会比较单纯，但依然会有一个完整的故事，这些故事寄托着作者自己的梦。这些故事真有多高大上的道理吗，未必，可能就是一段回忆、一段情绪、一种感觉而已。但是阅读最大的乐趣就在于感知、分享，对孩子来说，感觉到了作者在说什么，就已经是快乐的开始，如果能通过阅读绘本知道情感的入口与出口，就已经是最好的状态。

文字在比例上似乎并不是绘本的"大头"，有的作者为插图更改无数遍，通篇文字却只有几百个字。但文字对于绘本的意义很重要，因为这里的文字，不是插图的说明，不只是传达故事与信息，它还是书的节奏与音乐,"就像是乐队里的鼓手"。

这些文字有重量、有外形、有自己的韵律与声音,而大部分的好绘本都是引进的,所以译者也要特别注意保护文字的特点。郝广才在翻译桑达克的《在那遥远的地方》时,就很仔细地翻译出文字的节奏,"小妹妹哭又闹,爱达吹着金号角,想哄妹妹不要吵。爱达只顾着吹,没注意,来了小魔鬼"……配上插图,想想都美。

绘本是有调性的,就像赤羽末吉画那部《马头琴》时,费了很长时间来苦思如何通过绘本来展现蒙古空旷开阔的感觉,最后他从背景下手,找到了答案——地平线,而这个调性一找到,画的感觉一下就找到了。

好的作品,不靠模仿儿童得到,正如"少年小说不是少年写的,儿童书也不是儿童做的"一个道理,要用儿童的视角,但又不完全是儿童的视角。桑达克在画《厨房之夜狂想曲》时,花了很多力气去画,他说,"它来自我内心深处,把它挖出来的时候痛得要死"。

画绘本辛苦,读绘本可就愉悦多了,都说"大人出现,幻想结束",但好的绘本既适合孩子看,也适合成年人看。愿每个大人童心犹存,在亲子阅读的那一刻,回到童真世界,打开幻想,自由飞翔一会儿。

> **选书有道**
>
> 他的山居生活不是遁世,恰是一种清减的生活方式而已,减去枝枝丫丫,留下最贴近内心的那些。画作与题文,如同他们的选择,静心静气。旁人担心他们会否寂寞,他们自己却享受生活。

《山是山水是水》:
群山静默 只是平常无事

《山是山水是水》是日本画家高仲健一的作品。他与家人从1993年起就住在大山里面,作品描写了他们的山居生活,画的风格是画家本人非常喜欢的朝鲜李朝民画,在画上的题文则全部来自中国古籍。

朝鲜李朝民画保留的是中国宋代非常质朴的民画风,简单的山水、粗粗的勾勒、清新的颜色,跟我们习惯了的山水画很不一样。高仲健一非常喜欢中国传统文学,他时时诵读经典,久之就融会贯通。看他给画作题的文字,无不出自经典,却又无比应景,浑然天成。

虽然是在山里，但生活总是生活，甚至因为在山里，还要多出更多事情。租下老屋后，土地要平整，周围杂草要清除，屋子里头更是上上下下要收拾干净，方能入住；屋子周围有一大片田地，需要每日耕种、看顾。画家由公司职员变成山居客，田地里丰富的收成减轻了资金方面的负担，附近的河流里也能捕到河鲜，丰富了餐桌，"园蔬有余滋，过足非所钦"。

画家的几个孩子先后出生于山居，最多时一家五口住在这里。所谓山居，并不是完全离群索居，附近也有村邻，只是相隔较远，朋友邻居也常有往还，只是比都市生活要清静而已。大人劳作、孩子上学；大人读书、孩子玩闹。高仲健一笔下画的，正是这平常的日子，普通的生活。

耕种。

看萤火虫。

> 清慎平简。心灵纯洁、谦虚谨慎、豁达开朗。这是南朝宋时期刘义庆撰写《世说新语·德行》之《刘考标注本》中对邓攸这个人物的考语。不知为何,我总感觉此言与我的山居生活很是相称。

女儿在哇哇哭。

行山。

坐禅。

选择山居生活,自然有清静的一面。每日日出作、日落息,看大山、涉小溪,种菜、养猪、养鸡,与都市生活是两极。"云生栋梁间,风出窗户里。"除了必要的劳作,画家每日坐禅、静读,吸的像是天地灵气。孩子们在山间长大,亲近自然,于大人自己,得偿所愿。

不过若以为山间生活皆是浪漫,那就是想当然了,惊悚、遇险的片刻时时有之,山蛭从天花板上掉下来咬人一口、行路途中突然窜出一条蝮蛇、孩子玩着玩着就失足掉下悬崖,这都是他们一家的遭遇。在他笔下写来画来,清清淡淡,我们却惊出一身冷汗。

高仲健一钟爱中国典籍,我惊讶于他的题文与画之契合,那该是对中国古代这些文字多熟稔才能做到。

他写公鸡与孩子相斗,"忽交距以接壤",引用的是西晋《射雉赋》。

写大自然,"无为则俞俞",选自庄周《天道篇》。

行山迷了路,画家说"固以自然神丽,而足思愿爱乐矣",选自嵇康所作《琴赋》。

山居遭遇台风,他想到的是"海飓狂吹压屋风",这是清代黄遵宪的《日本杂事诗》。

看萤火虫,他说"繁林乱萤照",选自明朝高攀龙的《夜步》诗。

看躲进家中避冬的各种昆虫,他说"万物闭藏,蛰虫首穴",这是《淮南子·天训》中的一节。

……

高仲健一的孩子在高中毕业后都踏入社会,他开车将孩子送到大城市，鼓励他们首先立足，其次靠自己的能力再实现进大学读书的梦想。

他的山居生活不是遁世，恰是一种清减的生活方式而已，减去枝枝丫丫，留下最贴近内心的那些。

初时觉得既画日常生活，应该很像丰子恺先生的风格，细看却知两者很不一样，作者那种质朴，山间特有的田园气息，以及选文题字，自成风格。画作与题文，如同他们的选择，静心静气。旁人担心他们会否寂寞，他们自己却享受生活。我想起周星驰《唐伯虎点秋香》里面那句词——世人说我太疯癫，我笑他人看不穿。

"旁人笑寂寞，寂寞我所欲。"

另外，这本书的纸质极好，拿在手里，舒舒服服地，书的本身，也是作品。

> **选书有道**
>
> 有人说这是一部民国范儿的作品,作者自己也说有一部分是家族史。然而看书的时候,都不必拘泥于这些。人们生逢乱世,离死亡那么近,咬牙好好活下来,靠的是命运的眷顾,但也是心神不散的缘故。这是最打动我的。

《北鸢》:
乱世里的一线生机

《北鸢》是作家葛亮沉淀七年之后推出的长篇小说,讲述北方几个家族20世纪20年代初起经历的兴衰起落。故事从1926年写起,写到1947年,彼时主人公还是青年,而全书的楔子部分似乎又交代了主人公在晚年时的生活图景,所以算起来,虽是写了主角的前半生,却是关照了他的一生。

全书就像是历史图卷,只顾缓缓展开,每个人物来了、活过、退下、隐去。初看有些不习惯,总以为某个人物仍是后面的线索,出现了一场,可能还有别的戏;但并非如此,看到后来发现,作者就是没想刻意去埋线索,他只管讲着,因为历史就是这样,哪有那么多前后呼应与巧合,发生过就是发生过,聚着是聚着,散了就是散了。

在特殊的时代里,军阀混战、抗日、地下革命,大家族里的人或多或少承担起自己的历史角色,被时代碾压时的慌乱与逃亡,面对外侮时的愤怒与反抗,其后的死难或牺牲仿佛都是寻常事。然而,一个家庭、家族在巨变中能挺下来,源于各种碾压过后,精神依然不坠。

主人公文笙是路边收养的,开口晚、性子淡,在那轰轰烈烈的光景里,像是一个疏澹的影子。总说开口晚的孩子想得多,幼时的他,聪慧却是在心里。长成之后,口虽少言,慧心犹存。见武教头打一套拳,他便也能模仿打完整套;无意中听外国嬷嬷念过叶芝的诗,竟也能复述出来。他上过抗日战场,也进学堂做过学问,本是简单的一个人,经历各种家国变故,逐渐成熟。小说快接近尾声时,

> 笙哥儿扔掉了树叶，抬起头，对她唤，娘。这声音在她心头击打了一下。无知觉间，她竟后退了一步。短暂的迟疑之后，她张开了臂膀，将这男孩搂在了怀里。她让自己的脸紧紧贴着他。他的睫毛闪动了一下，潮湿而温润。她听到两个心跳，在冲突间渐渐平稳合一，啐啄同时。

他的一个定亲对象说，你要勇敢点（这个定亲对象也是一条旁逸出的小线索，很快就消失了，婚事终究没成，但我觉得她出现的最大意义，就是讲了这句话）。虽然并不是因为这句话文笙才勇敢起来，但正说明那时这个人物还缺一点火候，因为所谓勇敢，并不仅是能扛国事、家事，也包括明了自己，内心通透。那时的文笙，离通透只差一层纸。也正是在这之后，生活仿佛彻底落到了实处，有一回文笙与仁桢（他未来的妻子）说，"以后咱们，好好地过"，仁桢应他一声，"炉上的鸡汤，煨出了味儿，咕嘟咕嘟地响"。那才真是生活的味道，颠沛那么多年，见过多少生死，这样的安定，才是最大的福气。

　　小说里有那个年代的轮廓，更有许多细处，吃食点心、书法绘画、京剧昆曲，借人物之口，竟是顺手拈来。葛亮说自己为这部作品整理的资料笔记就有一百多万字，其中很大一部分应该就是这些细处的考据与求证。书里那么多人物，衣裳、言语、举动、起居场所，哪个地方照顾不到，都容易漏。

写得最仔细的，当属做风筝的过程。自打文笙小时候父亲给他买过风筝，陪他做过、画过风筝，这风筝便成了全书的眼。如何挑选合适的竹，如何将其拗弯，如何敷纸、一层层刷浆、如何上色画图案，前后或简或繁出现了多次。出现多次的还有风筝的放法，"上好了线，他将风筝停在自己的手背上，略略举高……忽然一抖腕，撒出手去，那风筝先是迟疑似的，平平飞了一程，忽然如得了命令，昂然跃起。"

如果风筝只是写到这个份上，当然不够，借着几个放风筝的场合人物之间的对话，其实都是在借喻处世之道。比如"没有规矩，不成方圆，这线就是风筝的规矩"；"有了线，风筝就知道回来的路……人总要有些牵挂"。这些都是文笙说的，也印证文笙每一个阶段的人生态度。

虽然书里从楔子、第一章到最末一章,都有文笙,但书中出现的人物何止十数。我非常喜欢里面的"普通人",就是那些出现不多,但有限的几次亮相,都特别打动人的角色。书里提到一所新式学校的校训是"尚勤尚朴、惟忠惟诚",这几字总结他们最贴切不过。郁掌柜受文笙母亲之托,为把文笙从战场上拉回来,去部队劝说未果,于是只穿单衣站在寒日里,给他穿衣也不接受,就这么站到次日天明。战场纪律何其严格,岂是因为父母心疼儿子就能放人的么,但最后是部队领导反过来劝文笙,老人家使的是苦肉计,再不答应,这条命就没了,此处是部队领导的豁达,但真真是老人的忠义。凌佐与文笙一起去抗日,负伤后,文笙背着凌佐撤退,凌佐怕连累战友,选择自杀,死前只留了一句话,你要活下去,代我好好地活。也是这个凌佐,打仗时一直带着一个包裹,乃是故人所托的一份东西，心心念念在胜利后要成全了故人的心愿……

这种信与义，无论在哪个时代都是珍贵的东西。作者所写的这几个家族，能在世道流离中一息尚存，无不是因为坚持着某些东西。昭如说人要敞亮地活着，文笙告诉雅各（作者给这人物取这名字就没想让他干什么好事），"风筝也有主心骨"。放风筝的那根线若断了，那风筝便如乱世飘萍、无影无踪，线若还在，就有一线生机，那口气就不会断。在乱世里，没点主心骨，怎么活下来？

我也很喜欢里面其他人物，唱大戏的言秋凰，像是始终没有存在感的明焕（没有存在感本身就是一种存在感，不能要求每个人都为意义活着），仁桢几姐妹，昭德，很多很多人物。在没见到葛亮的时候，以为这样沧桑的文笔、老气横秋的叙述大约出自五十来岁的作者，其实他写完这部作品的时候才三十多，正如戏台上唱老生的人，唱叹之下仿佛阅尽春秋，其实卸妆后可能是个清秀的小伙子。

有人说这是一部民国范儿的作品，作者自己也说有一部分是家族史。然而看书的时候，都不必拘泥于这些。人们生逢乱世，离死亡那么近，咬牙好好活下来，靠的是命运的眷顾，但也是心神不散的缘故。这是最打动我的。

> 村上春树说,写作好比是一个擂台,谁都可以上来打两拳,但是打不打得赢,能在拳台上撑多久,却因人而异。黄昱宁是从业很多年的专业文学编辑、自己翻译过不少作品,一出手,其老辣、温存,还真是与众不同。

选书有道

《假作真时》:
遗忘之前　讲述之后

《假作真时》是黄昱宁的随笔集,一些文章曾经发表在《读库》、《ONE·一个》、《东方早报·上海书评》、《新知》。集子里有电影、文学评论,也有她对故人的回忆怀念,还有用"非虚构"来写作的作品。

村上春树说,写作好比是一个擂台,谁都可以上来打两拳,但是打不打得赢,能在拳台上撑多久,却因人而异。黄昱宁是从业很多年的专业文学编辑、自己翻译过不少作品,一出手,其老辣、温存,还真是与众不同。

她评论美剧《冰血暴》(名字取自科恩兄弟的大银幕作品《冰

血暴》),说它是复制了气息而不是情节,延续了故事型而不是故事——每个在这部美剧里看到似曾相识却又分明不是的节奏、画面处理手法的观众,大概都会有这种感觉——只是说不到那么准确。

她写《聂隐娘》,说侯孝贤能在戛纳得奖,是因为"不管这部电影的情节多么违和,都能纳入导演的风格化轨道,是技术更是气场"。换言之,故事改编,实在是很一般。"我不明白的是,为何大师们愿意花那么大力气做旧如旧,竭力在布景器物的气韵上追寻汉唐遗风,却拒绝吃透原著本身,不愿或者不敢信任古人的行为逻辑"。确实,用古代的名字套一个现代的故事,这种做法刚出来的时候,可能还很新鲜,但一直寻求这种逻辑,倒反而是一种偷懒。想想徐皓峰说武林的系列作品为什么打动人,因为他在老老实实说事情,虽然用的是拙劲儿,但那是"真旧"而不是

> 书信体小说在字里行间插满无数个"你",过去时一举变成了现在时,作者就像黑暗剧场里的引座员,召唤读者悄悄入座,让他们自以为窥视到了人物之间的秘密。每一个写信的角色都会说一半藏一半,都会话里有话,弦外有音,于是悬念有了,迷局有了,读者参与破案的热情也呼之欲出。

"做旧"。

就好像有的时候看一些电影评论,会觉得很难读懂作者到底想说什么,有很多的专业名词、很多的概念、很多藏着掖着说得不明不白的话,那样的电影评论看得人真叫费劲。反观这本集子里的电影评论,总是轻轻点到穴位,不拼命用力,不卖弄,反而是认真的劲道。

《假作真时》里面还收了不少文学评论,文学评论有一类如同解剖学,告诉人们这样以及那样,很是乏味,但在这里读不到这种作品。她常常写着写着,会跳开去写几笔作者以及身边朋友的故事,"吃过猪肉"之外也要"见过猪走路",甚至连养猪人、养猪场都要介绍一下,文字看似随意、不多不少,是一个很克制的逸事讲述者。就好像她写对傅惟慈先生、陆谷孙先生的回忆,还有对同事吴劳先生的回忆,没有夸张的叙事,就淡淡说来,偶尔幽默一下,但是情深意长。

我最早知道黄昱宁,是因为在很多年前买过她翻译的麦克尤恩的作品,当时就觉得作品译得真干净啊。后来知道她是一个文学编辑,平时又写各种评论,文笔很是了得。这本书里有很多人物,形形色色的故事,因一些文章是给不同平台供的稿,难免会因平台不同而略有手法上的不同,但看着看着,总能看出一本正经的讲述背后,作者的有趣与活泼。

不难想象,做外国文学编辑,那得读多少经典,掉在古往今来的文库里,真是幸福!她又翻译过不少经典作品,用作家小白的话说,"以翻译为名把那些好小说用汉语重新写了一遍"。《天龙八部》里的王语嫣,熟记天下文学经典,各路招数都难逃她的法眼,别人一出手她就知道门派、师承,并且知道克其之道——但是王语嫣是不会武功的,黄昱宁却会写,而且有自己的门派。

只是这种写的冲动,她克制了很久,甚至"勒令自己编辑别人的小说,翻译别人的作品",直到某一天,写作变成最顺其自然的事。

集子里还有几篇有点"非虚构"意思的作品,可以当成家庭故事,也可以当成一段历史,很有看头。作家小白在序言里说,"作者确实展露了一种小说家的才能与企图"。说到小说家,继续引用一段村上春树的话,来自他的新作品《我的职业是小说家》,对于"写作的孤独",他有一段很妙的形容。他说,写小说基本是一项慢节奏的活计,几乎找不出潇洒的要素,独自一人困守屋内,这也不对,那也不行,一个劲地寻词觅句,枯坐案前绞尽脑汁,花上一整天时间,总算让某句话的文意更贴切了,然而既不会有谁报以掌声,也不会有谁走过来拍拍你的肩膀,夸一声"干得好",只能自己一个人心满意足地"嗯嗯"颔首罢了。

写作如此孤独,击节也只有一人,然而好的故事与叙述始终不缺读者,甚至当它们一来到读者面前,就会被认出以及记住。所以,好的故事讲述者,永远不嫌多。在这个写作的擂台上,若能多这么一个人,带着自己的风格,久久地待下去,是读者的幸福。

> **选书有道**
>
> 他从童年回忆到 30 岁左右,无数的生活瞬间、电光石火的情节、人物,令人觉得仿佛读了另外一本《百年孤独》。

《活着为了讲述》:
魔幻本是现实

《活着为了讲述》是加西亚·马尔克斯的自传。书的扉页上说,生活是我们记住的日子,而在我看来,这位天才的作者记忆力之惊人,完全使人相信,书中所写就是他活过的日子。

在这本三十万字的回忆录里,他从童年回忆到 30 岁左右,无数的生活瞬间、电光石火的情节、人物,令人觉得仿佛读了另外一本《百年孤独》。他曾说,自己的小说里有生活的映射,而庞大家族的丰富故事以及拉美世界独特的艺术性,为这种映射注入了源源不断的素材。

有部评分甚高的美剧《毒枭》,开篇就说,关于哥伦比亚这片土地上产生魔幻现实主义这一点,毫不令人惊奇。

但是能将魔幻现实主义推向全世界,还是需要天才。

马尔克斯从小就显示出与众不同的天赋,记忆力超强,对于语言的理解与表达更是超乎寻常人,他对周遭世界的观察与感受,也比同龄人要敏感得多。这些东西暗藏于心,直到他找到一种途径,将其表达出来,这就是写作。然而写作并非是一开始就明确的目标,在漫无目的的时候,他做过的事情太多了。其中就包括无止境的阅读,无论是小说还是诗歌。他极度热爱诗歌,一生中再差的境遇里,他都没有中断过对诗的热爱。

在书里我赫然发现,他居然提到了蒙特梭利教学法,如今风靡在幼儿家长圈的教育方式,也得到了他的赞扬,因为在他的童年时期(算一算,应该还是上个世纪的 30 年代),他曾接受过这种教育,并且认为它有效地培养了自己的各种感受能力。

我年轻过,落魄过,幸福过,我对生活一往情深。

然而他的数学是真差,加减勉强可以,乘除法完全搞不定。马尔克斯举例说,如果 7+4,他需要先用 7-2,等于 5,再 +4,等于 9,最后再 +2……说真的,我看了好几遍,才看明白他的算法。

尽管数学上没有天赋,但是他在文学上的感受力却是一骑绝尘。他从小就读各种书,读书之杂,对文学兴趣之浓、了解之深,令他不管是报考小学还是中学,都能深深打动考官,使后者无视他的数学成绩,毅然录取他。

马尔克斯绝非沉溺于书堆的书呆子,尽管家境困苦,成员众多,但他的生活就像拉美音乐一样,奔放热烈,绝不含糊。这一点可能很像他的母亲。他父亲为了生计常年奔波在外,母亲拉扯一大家子,而他要帮着母亲照顾一大群弟弟妹妹。他自己说,对母亲是五体投地地崇拜,在他眼里,母亲总有不同寻常的生活毅力与智慧,重要的是,对他的信任。当他后来避难远走他乡,本来跟母亲说的归期由几天变为"遥遥无期"时,别人在母亲面前嘲讽他,母亲则说,上帝总有安排。言下之意大约是,急什么。

他读中学时,哥伦比亚陷入内乱,他不得不中断了学业,"国家出于癫狂状态,看得人目瞪口呆"。他爱自己的国家,迫切地想做些什么,他开始进入报社、期刊工作,做新闻报道、编辑、文学评论、电影评论,等等。

也就是在这个时期,写作渐渐变成他最想做的事,"要么写作,要么死去"。而在报社的编辑工作,也给写作带来了很好的训练。为了精简版面,无用的词、情节都要删,还要不影响结构与可信度,这项工作令他大为受益。在自学叙事技巧的过程里,这是最有效的一项锻炼。

那些年马尔克斯的写作量惊人,他自己说,每一分钱都是用打字机打出来的,除了简单的生活用度,这些钱还要贴补家用。写作量大到朋友可以到他家翻垃圾桶,看能不能翻出点东西,登在自己的杂志上。即便是已经撕掉的纸,都会被朋友拼好,而且,读完发现,都是好东西。

大量的写作,除了发表于各种刊物上的报道与评论,剩下就是他一心想写的小说。他说,随着几部作品的发表,过了40岁,终于真正进入卖文为生的生活。其实,他的写作早就开始,而且那些初期发表的作品,不管是评论还是小说,都已经散发出耀眼的光芒。

很多着迷于他的作品的人可能都会好奇,这些故事与人物到底来自哪里,一个人该有怎样的想象力才能写出这种文字?

故事既来自家庭,也来自他所经历的社会动荡。

马尔克斯的母亲善于弹钢琴,父亲则钟爱拉小提琴,他自己也热爱音乐。在他的年轻岁月,无尽的阅读、无尽的饮酒抽烟、无尽的热歌热舞,不宽裕的生活凌乱却有热度。激情不仅照耀平常的日子，也在国家与社会的变迁中燃烧。1948年4月9日，哥伦比亚发生内乱，他亲眼看见反对派领袖遇刺身亡，这给了他极大的震动。同样亲历那一天而且同样念念不忘的还有菲德尔·卡斯特罗，多年后两人相遇，对那天的共同记忆给了两人的友情最好的注脚。

1955年，在他28岁时，因为做了一些反对当局的报道，马尔克斯受到死亡威胁，在朋友的劝说下出国躲避风头，本来说去两周，结果待了三年。临别前，他见到很久没见的一位朋友，朋友说，我不明白，为什么您从来不告诉我您是谁。

马尔克斯说，我没法儿告诉您，直到今天，我也不知道我是谁。

但他后来一定是知道了。

> **选书有道**
>
> 书中有大量的日记以及书信，正是从这些文字里，我们得到了第一手的资料，"过去"并非抽象、不可考、完全依赖口口相传，而是有具体时间、人物、地点，有具体依托。

《回望》：
向过去要未来的答案

这部作品是第九届茅盾文学奖得主金宇澄先生的家史，也不仅是家史。

书中有大量的日记以及书信，正是从这些文字里，我们得到了第一手的资料，"过去"并非抽象、不可考、完全依赖口口相传，而是有具体时间、人物、地点，有具体依托。

他的父亲在上海"沦陷"期间是中共地下情报人员。因为别处的组织信息暴露，上海的情报系统也受影响，父亲因此进了日占时期的监狱，监狱生活自然极其悲惨，审讯、拷问，概莫能外。多年后，在特殊年代里，因为案件的牵连，他又被隔离、审查。虽然也有过平稳踏实的日子,但青春热血,半生坎坷,对个人及家庭的影响,可想而知。

金先生在书里说,2013年父亲去世之后,母亲就不大愿意出门,去任何地方都会想起对方,因而情绪很差。他的父母感情甚笃,经历风雨,乃是彼此最强的精神依靠,"陪她翻看老相册,旧影纷繁,总牵起绵绵无尽的话头"。也正因为如此,金先生鼓励母亲以照片为序,记下曾经的时光,也就有了本书的大部分内容。

总有些历史阶段,个人命运无法自握,身体上的折磨很难承受,精神上的折磨尤甚。这种经历改变人的精神、情绪,对家庭氛围也有影响。作为家庭的一部分,"我"对个人、对群体、对历史的认知又会如何?

金宇澄先生原名金舒舒,他母亲在日记里写,"与生芒芒的强烈痛苦比较,天差地别,舒舒服服,是老天眷顾我",因为这个原因,

> 在晚饭前的那段平静中,父亲开了灯,伏在《廿四史》缩字本前,用放大镜看那些小字。他已经八十岁了,他聪敏、沉着、自尊,在漫长的人生中,已无法再一次寻找他年轻时代的神秘未来,只能在放大镜下,观看密密麻麻的过去。

得名舒舒。舒舒两岁多的时候,母亲被通知,父亲去北京出差了,差一出就是一年半(后来才知道其实是在上海的一个看守所隔离审查,而让母亲觉察出端倪的,是父亲来信里提及的一声惊雷,因为雷声太过特别,母亲清楚地记得在父亲提到的那一天,上海打过一个极响的惊雷),父母二人只能通过书信交流,留下了那段时间的许多生活片段。母亲一人带着三个孩子,日子极其艰难,但信里说的多是家事,比如说到舒舒越长越壮,说到他喜欢看书、不喜欢玩具,说到他喜欢问很多问题……这大约是那段提心吊胆的日子里难得的温情回忆。

虽然五十年代中期经历了一番审查,但后来父亲仍然回到正常生活,只是到了六十年代,新一波的运动开始,父亲依然不能幸免,多数时间都是在扫厕所、写检查之中度过,人生最好的年华就此浪费,极为可惜。

书中有许多金宇澄先生父母的照片,两人相遇时正值青春,风华正茂,每人的表情都是那么清朗。这不仅是好容貌使然,更因有内里的愉悦与期待。书中第一张照片是金先生父母在太湖边的留影,彼时两人相遇相恋,父亲是记者,母亲是复旦大学中文系的学生,两人眺望湖面,也是在眺望无尽的未来;书里的最后一张照片是金先生母亲,她在朝后看着什么,照片摄于2016年她89岁时,照片上只有她一个人,却不知那一个回望,能不能穿透岁月的尘雾。

对于几十年间那么多的转折与事件,金宇澄并不是没有疑问。他向父母都问过许多为什么,只是很难要到答案,即便要到答案,也不易理解——许多历史细节风化得异常快,如果不去回望、不去记录,人们甫一开口,可能就已消散。"记忆与印象,普通或不普通的根须,那么鲜亮,也那么含糊而羸弱,它们在静然生发的同时,迅速脱落与枯萎,随风消失,在这一点上说,如果我们回望,留取样本,是有意义的。"

然而作者的回望,似乎故意保持了一点距离,仿佛视角出自一个普通的讲述者,亲历的痛苦被一笔带过,没有让人沉浸其中的企图,只是,冷静更有力量。

> **选书有道**
>
> 写小说的过程,常常是自己枯坐台前,绞尽脑汁也写不出好句子,另一面则是写出佳句也无人分享,只能幻想有人对他拍肩喝彩。如此自己跟自己较劲的工作,世界上没几种,小说家是其中之一。

《我的职业是小说家》:
如何让孤独变得不孤独

29岁那年,村上春树开始写小说,第一部作品是短篇小说,一问世就得了个新人奖,此后他的作品还曾入围芥川奖。近些年来,每到诺贝尔文学奖颁奖前,也总有人惦记他能不能得奖的事,好比是迪卡普里奥之于奥斯卡,反成了他作品之外最大的话题。

用他的话说,每个人都可以写小说,写小说的门槛并不高,就像是一个拳台,人人都可以上来露两下,但是,能不能长久地写下去,却是个问题。他从事写作已经三十九年,真的把写小说当成了职业,而且由于这个职业跟体力的关系没有那么密切,所以看上去这漫长的职业生涯还没有结束的意思。

有部小说叫《孤独的小说家》，用在村上头上倒也合适。他形容写小说的过程，常常是自己枯坐台前，绞尽脑汁也写不出好句子，另一面则是写出佳句也无人分享，只能幻想有人对他拍肩喝彩。如此自己跟自己较劲的工作，世界上没几种，小说家是其中之一。

到底是什么让他可以把一件事情反复做上几十年呢？他说，"做一件事情是否感到快乐"大概可以成为一个基准，如果不能从工作中发现油然而生的乐趣和喜悦，工作时完全没有心花怒放的感觉，应该就有些不对头的地方了。

只是，纯凭兴趣哪是够的呢？

他一旦进入写作状态就超级有规律，以写作长篇小说为例，每天像打卡上班一样写作，连写几个月；写完休息一周，之后进入改写阶段，这个阶段持续几个月；改完之后再休息一周，再改；甚至还有一个阶段是把写好的作品束之高阁，差不多忘了，再捡回来看，

> 所谓小说家,在成为艺术家之前,必须是自由人。在自己喜欢的时间,按照自己喜欢的方式,去做自己喜欢的事情,对我而言这便是自由人的定义。

那时候如果觉得是好的,那就是好的了。

早上五点起床,工作五到六个小时,规定自己每一天写十页稿纸,每页四百字。吃午餐,下午跑步六英里,读书、听音乐,晚九点准时就寝。像这样上下班一样的生活,一过就是几十年。单看这个规律,甚至有些无趣,但是每个周期他都能创作出新作品,真的很令人惊叹,《海边的卡夫卡》、《挪威森林》、《1Q84》,创意源源不断……人们或许很好奇他的写作生涯到底由哪里发端,那说来真是一个非常奇妙的故事。

1978年4月一个晴朗的下午,村上春树去看棒球赛,看着看着,正尽情地为他心仪的球队鼓着掌呢,莫名其妙地脑子里有个念头冒了出来,"没准我也能写小说",这个跟过往的生活、眼前的比赛毫无关系的近乎"神启"的念头,来得实在是毫无征兆,他说就像是天上掉下来什么东西似的,而他抓住了它。球赛一结束,他便搭电车到新宿的纪伊国屋书店买了纸笔,当晚就趴在厨房桌上开始写小说。而他那时正好好地经营着一家小店,日子过得稳定悠然。刚投身写作时,他还是结束了营业收了工再写,写着写着就变成了职业作者,好比是兼职变成了正式员工,这一写就写了三十九年,直到今天仍未停笔。

> **选书有道**
>
> 有两种作品常常是好看的,一种是诗人翻译的别人的诗,一种是作家给别的作家写的传记。安东尼·伯吉斯给莎士比亚写的传记就是后一种。

《莎士比亚》:
不普通的普通人

有两种作品常常是好看的,一种是诗人翻译的别人的诗,一种是作家给别的作家写的传记。安东尼·伯吉斯给莎士比亚写的传记就是后一种。

安东尼·伯吉斯是谁?英国当代著名文学家、作曲家、文学评论家。他流传最广的作品是《发条橙》,对,就是那部被誉为跟塞林格的《麦田里的守望者》和纳博科夫的《洛丽塔》有着一样味道的作品。

在这本《莎士比亚》传记里,伯吉斯在开篇就说,"我在这里所要求的,是古往今来每一个莎士比亚爱好者按自己的意思为莎士比亚画像的权利"。

莎士比亚是从小就异常聪明或是受过系统训练吗？戏剧文学方面是师承有道还是家学渊源？好像都不是。他仿佛就是一个普通人家的普通孩子，但他又有各种天赋，其中一种是讲故事的天赋，这天赋帮助他吸取各种经典故事、传说的养料，变成自己的剧作。

伯吉斯说，莎士比亚就是镜中的我们自己，"是忍受煎熬的凡夫俗子，为不大不小的抱负激励，关心钱财，受欲念之害，太凡庸了"。莎士比亚的成就当然是不凡庸的，只不过他并不是为了伟大才成为伟大，他的生活目标可能跟我们一样，好好工作，挣钱养家——他可能还想光大门楣，回老家置地修宅——他努力实现了财务自由的目标，也"顺便"留下了伟大的作品。

据说莎士比亚家子嗣很少、后继乏人，但他自己跟父母的关系

> 我在这里所要求的,是古往今来每一个莎士比亚爱好者按自己的意思为莎士比亚画像的权利。人们没有合适的颜料和画笔,知道自己终将画出拙劣失真的肖像。不过,我可以求助于一些真正的画像,或者换一句话说,我的任务是帮忙画好这些画像。

是很好的。在莎士比亚所处的那个年代,"父亲"往往是令人畏惧、难以揣摩而又复仇心重的角色,然而莎士比亚父子却不是对峙的关系。有评论者说,莎士比亚剧中的父子都是好朋友,无疑也是一种生活的映照。任何所谓事业上的成功,大概都比不过与父母的这种和谐关系重要,不难想象,莎士比亚在异乡的打拼,以及四十多岁之后的安然"退隐",应是得益于内心的这种"踏实"。与成为一名伟大的剧作家、诗人相比,可能做"与父母彼此相爱的孩子"一样重要,虽然这个观点看似很现代,但放回到哪个时代都是有意义的。

莎士比亚精通音乐、熟悉法律,他在剧本中展现的学识,非常渊博。这一点,伯吉斯倒也是一样的,他早年在大学攻读文学,做过钢琴师,还进过情报部门。他曾被诊断为脑瘤,于是开始抓紧时间潜心写作,后来发现是误诊,但写作仍没有停止。他一直希望自己被看作是会写小说的音乐家,而不是会作曲的小说家。

莎士比亚呢?如果用王尔德的话说,"每一幅带感情绘出的肖像上,见出的都不是模特,而是画家自己",那么这本书里,最终还是能看到才子伯吉斯自己的影子的。

> <small>选书有道</small>
>
> 安娜也怕死,但她把恐惧藏着,一个人忍受着,她就是个家庭妇女,她不参与政治,竭力远离战争,胆子很小,却在拯救这么多人生命的努力中扮演了一个重要的角色。

《动物园长的夫人》:
艰难时世的传奇

这是美国作家戴安娜·阿克曼的作品,看这名字,故事跟动物园有关,但远不只讲动物园。这个传奇的动物园是波兰华沙动物园,在二战之前,它在欧洲享誉盛名。恐怖年代,凡人难以幸免,动物的命运跟人并无二致。万幸之处在于它的园长是一个有着超强意志与耐力的人,他带领着动物园仅有的人力,确切地说,带着他的夫人和儿子,跟纳粹展开了周旋,以保护动物为名,行更为重要的事情——悄悄地保护城里的波兰人。

华沙动物园植被丰茂,是各种动物的家园,也是波兰人的文化标志之一。德国入侵波兰的那一天,目击者还记得,飞机从头顶飞过，子弹倾泻而下，不幸者当场倒下，沿途都是各种动物的尸体。动物园的草坪被炸得到处都是坑，而猛兽们不断长啸,"母兽嘴里叼着幼崽的脖子，不断转来转去，恨自己不能找个洞把孩子藏起来"。动物园的命运是如此，人的命运更为艰辛。

华沙的犹太区是东欧犹太文化的心脏，这里有犹太戏剧、电影、体育等活动场所，有各种出版社与俱乐部。纳粹派出的波兰统治者领到的任务是,"彻底瓦解波兰的经济、社会、文化、政治结构"。在五年时间里，86万人被驱离波兰，133万人被运往德国充当苦役，33万人被直接杀害。很显然，统治者希望彻底抹去跟波兰文化有关的印记。

当时波兰的犹太人要么面临被杀害的危险，要么就是面对极为困苦的生活。当时食物每天的配给量精确到卡路里，德国人每天2613卡，波兰人669卡，而犹太人只有184卡。可以

> 安托尼娜心想,人类或许也可以把战时岁月想象成"一种精神的冬眠,把思想、知识、技艺、对工作的激情、理解、爱情慢慢积蓄于体内,谁也无法夺走"。

想象,即便没有被杀,光每天这一点可怜的营养与热量,怎够人存活下来?

波兰抵抗组织展开了不折不挠的斗争,损毁德军设施、营救被囚人士、帮助犹太人逃亡等。华沙动物园园长雅安正是波兰地下抵抗组织的一员,他的动物园是抵抗运动的重要一环,发挥了默默无闻却又不可替代的作用。

雅安与妻子安娜尽可能地为动物园谋福利,碰巧部分纳粹也是动物爱好者,所以他们的周旋真能起到作用。动物园里有一幢小洋楼,他们为它争取到了不少合法居民,保姆、管家、家庭教师等等,而事实上,这些面孔常常在换,一旦有了更为安全的去处,他们当中有人就消失了,新的人又会加入——是的,这些人不少都是从市区营救出来的犹太人,动物园是他们逃亡途中的"休息站"。有些人的身份过于敏感,则只能在夜间活动,只要不闹出特别的声响,就不会引起纳粹士兵的警觉。"小洋楼里气氛有点走极端,上一刻还是气定神闲、风平浪静,下一刻就焦虑不安、波涛汹涌。"当然并非没有危险,但安娜的勇敢化解了它。

安娜也不是没有恐惧,某一次她在硝烟和遍地狼藉中战战兢兢赶路的时候,也曾想,原来这就是猎物逃避追杀时的感觉,没有英雄的悲壮,只有不惜一切代价也要安全回家的那种疯狂。有一回她的动物被士兵们枪杀,她甚至涌起这样的念头:如果事实证明它们的死其实很幸运呢?

受影响最大的是他们的孩子,日常的残酷对他造成不可逆的伤害:小小年纪,他就要帮着父母一起营救犹太人,从而也担负远远超过这个年龄所能承受的压力。雅安四处参加地下抵抗组织的活动,常常带着必死的心,而在家留守的安娜与儿子,就陷入了惊恐的等待。然而,安娜不能崩溃,因为在她身后,还有更多人需要她的保护。儿子则每日焦灼地等父亲回来,甚至偶尔还要直接面对纳粹士兵,那种心理压力使他很少有儿童该有的天真无忧的笑容。大部分时间他在假装坚强,只在很少的时候,在父母面前,他才会"允许自己变成小孩"。

身处一个杀气腾腾的、疯狂的和无常的世界中,一个人如何才能不让爱和幽默泯灭?

在小洋楼里躲避的犹太人中,有艺术家,有普通人,即便在巨大的恐惧中,小洋楼里也会传出隐隐约约的音乐,那是在艰难时世里,撑起他们生活信心的重要力量。

人们可能好奇,为什么园长夫妇可以带领人们渡过这么巨大的劫难,其中一个原因或许是,作为动物专家,深知动物习性的他们,也深谙捕食者的心理,这在与纳粹打交道的时候,发挥了难以言述的作用。雅安是一位坚定的抵抗者,他说这场对纳粹的战争,"要么赢,要么输"。但与他不同的是,安娜本是家庭妇女,却也带领动物园穿越惊涛骇浪,这是安娜的伟大之处。雅安说,"安娜也怕死,但她把恐惧藏着,一个人忍受着,她就是个家庭妇女,她不参与政治,竭力远离战争,胆子很小,却在拯救这么多人生命的努力中扮演了一个重要的角色,并且从来没有抱怨过其中的危险"。

华沙动物园在德国战败后,重新开张,只剩下了300只动物,而且都是华沙人捐献的波兰本国品种。雅安却在重新开园后两年就辞职了,原因是战后的波兰处于苏联人的统治之下,当局不喜欢曾经和地下抵抗组织并肩战斗过的人。与动物园命运休戚与共的雅安虽然离开了动物园,但从来没有离开过动物事业,后来始终在从事动物研究以及动物保护方面的工作。

雅安曾说,"华沙人民明白文化救亡的重要性,生活中一切提升、定义我们华沙人的元素构成了我们的文化,幸运的是,动物园也被视为这样一个元素"。在纳粹的统治时代,动物园长夫妇拯救了数百位濒临死亡的犹太人,而他们对动物园这个波兰人民曾经深爱的动植物天堂的守护,也是在守护波兰人的文化象征。炮火与屠杀抹去了生命,文化的印记却得以幸存。

> **选书有道** 一百件展品次第展开的时候,这一段人类之所以为人,从最初的文明繁衍再到四处流传、演变、融合的过程,真的非常壮观。这些展品让我们得以利用想象构建出属于自己的世界史,也对人类共同的文明心存敬意。

《大英博物馆世界简史》:
当我们看展览的时候在看什么

2010年,英国广播公司(简称BBC)和大英博物馆从博物馆选出一百件展品,做了一个展览。展品范围从大约两百万年前到今天,来自全球不同地区,意在展示各地各时期权贵阶层以及普通百姓的生活,从古到今,构成一个世界史。BBC为此制作了一套广播节目,大英博物馆在此基础上出版了《大英博物馆世界简史》一书,作者是时任大英博物馆馆长的尼尔·麦格雷戈。

大英博物馆的藏品繁多,如何选择这一百件呢?大如木乃伊,小如国际象棋;复杂如希伯来星盘,简单如鸟形杵;有王宫权贵用的礼器,也有寻常百姓家的茶壶、陶罐。这一百件展品所关联的并非全是历史上的大事件,有些历史片段对观众来说甚至可算陌生,但每一件展品背后,都有故事可言,这就构成了诸多想象,多出许多趣味。一百件展品次第展开的时候,这一段人类之所以为人,从最初的文明繁衍再到四处流传、演变、融合的过程,真的非常壮观。

展览的第一件展品是木乃伊以及棺椁。尼尔说,一方面是因为木乃伊至今仍是大英博物馆最具影响力的人工制品,参观者对大英博物馆最初最深刻的印象也往往是木乃伊;另一方面则是,在木乃伊上,我们可以接收它传递出来的多种信息。比如,棺椁表面的黑色沥青来自死海,木材购自黎巴嫩,黄金来自别处,这些都不是埃及本土的材料,也就显出在当时,埃及与其它地方的往来交流在物质与文化层面都很丰富。一件文物,人们应不仅将它看作"来自远古的幸存者",而应看作当时社会生活的一部分。

尼尔·麦格雷戈说,想象力是人们观展时非常重要的一种能力,

> 在充足的想象力的帮助下,通过物品讲述的历史比仅靠文字还原的历史更为公正。人类的历史早期——占整个人类史的 95% 以上——只能通过石头来讲述,因为除了人和动物的残骸之外,石制物品是唯一能幸存下来的东西。

它有助于人们想象文物的前世今生。这大概也是将木乃伊放在展览如此显要位置的原因:它诠释了观看这个展览的模式——充分理解从器物身上传递出的信息,从而构建出属于自己的世界史。

比如,当人们站在最古老的展品"奥杜威砍砸器"面前时,一块看似不起眼的石头,却自带信息:它非常适合手握,石头两面锋利程度不一样,显示出制造的时候,可能一面敲了五下,另一面敲了三下……这个远古人类制造出来的工具,使他们能够吃到更丰富的食物,从而促进大脑发展,从而更好地繁衍生息。差不多 200 万年前的人类,这么一想象,好像熟悉得就跟邻居似的,他们的生活方式也在立体起来,我们跟自己的祖先也有了一点遥相呼应的地方。

再后来人类就离开非洲了,开始往世界各地迁徙。大英博物馆有许多藏品可以体现人类发展的共同时刻。比如,耕种这件事几乎是在地球上的不同地区同时出现的。中东的人种小麦,中国人选择了野生旱稻，而非洲选择了高粱，巴布亚新几内亚则选择了芋头。人们在不同的区域跟各自的动物对手比赛，是否拥有种植粮食的能力，是否具有在获取食物方面更胜一筹的能力，成为战胜对手的重要砝码。类似展品中的鸟形杵、埃及牛、玛雅玉米神像，都能让观众想象在数千年前，人类的不同生活场景。

如果说，早期人类的繁衍还能看出路径的话，到后来文明在各处发生，那真是犹如浩瀚群星，使人目不暇接。

百件展品里有不少大物件，显示出帝王的威严、王朝的繁荣，比如拉美西斯二世雕像、奥古斯都头像等，还有一些则是来自百姓生活的小物件，尤其令人浮想联翩。来自坦桑尼亚的基尔瓦陶器碎片，应该是一千多年前的物品，里面既有本地陶瓷，也有中国瓷器，那么，中国瓷器是怎样从中国出发、穿越印度洋到达东非港口的？这条海上贸易路线有多繁盛？人们一路颠簸，在大洋上经年累月，又是怎样的生活场景？这一切已经不可复原，但确实给人以无穷的想象空间。

人类的对外征服、贸易常常因为一些重要物资的牵引，这些物资在如今的我们看来已经稀松平常，比如瓷器、胡椒、香料等，但在历史上都曾经引起某些地区人们的疯狂，乃至不惜发动战争来获取它们。除了战争之外，贸易也是物资交流的重要途径。在文物的身上，能看出这些血腥或温柔的交流留下的信息，让千年后的我们借此飞越时空。

人们自古以来生发出许多信仰，有些与神交流的方式，用今人的眼光看，甚至还有"萌萌"的样子。比如北美水獭烟斗，吸引人的不仅是它的造型，更是北美人对于抽烟这件事情的认知。几千年前的北美人把抽烟当成一种跟神交流的方式，吐烟圈就是在向神祈祷……这个画面，是不是很有趣？

很多文明繁荣过，后来又消亡，如果有文字留存，倒还不难回溯，而没有文字的文明，只能通过留下来的器物去想象。像莫切武士形壶，光滑的壶身，说明彼时已有规模化的工业生产，既然如此，就涉及人员的分工、管理，社会的组织就已经具有一定的能力。可惜对莫切人我们所知甚少，只能看那些沉默的小壶，那些不同表情的面孔，去想象一段已经沉默了的文明。

书中很多器物之精美，已经完全站在当时人类艺术以及社会科学技术发展的巅峰，不管是几世纪的雕像、画作，还是后面的星盘、计时器等，都让后世的我们赞叹不已。这些展品让我们得以利用想象构建出属于自己的世界史，也对人类共同的文明心存敬意。很少看一本书会看到心潮澎湃，而这本书的阅读体验正是如此。

> **选书有道**
>
> 看着 J.D. 万斯的自传,读着那些如过山车的生活情节,不由暗暗为他庆幸。很多人生关口都隐藏着让他沉沦、迷失的陷阱,好在他有亲人的爱与支持,这点微光指引着他踉跄向前,直至完全明白自己要什么,以及该如何努力获得。

《乡下人的悲歌》:
另一个美国

乡下人,是美国大阿巴拉契亚山区的人们对自己的称呼。

20世纪50年代,美国东西部经济发达地区急需产业工人,而大阿巴拉契亚山区正好拥有大量人口,当时从山区流出的移民可谓浩浩荡荡。作者万斯的外祖父、外祖母就在这股移民潮中,从家乡迁徙到了俄亥俄州的米德尔敦,那里逐渐建设起了繁华的商业区和热闹的社区。

虽然生活环境变了,但是这些移民的生活习惯并没有改变,"在整个中西部的工业地区,来自阿巴拉契亚山区的人们和他们的家庭组成的社区像雨后春笋一般涌现,简直就是凭空冒出来的一般"。有一种说法是,移民潮并没有摧毁一个个的社区和家庭,而是把他们运到别的地方。

万斯出生的时候,米德尔敦已经度过了自己的辉煌期,随着产业经济的日渐衰落,曾经热闹的市区也变得越来越萧条。不过万斯说,就算是住在那里的居民都很难发现,因为这种改变是逐渐的,"不是泥石流,而是水土流失",但如果短暂离开过一段时间再回来,可能感觉会明显些。

和市镇萧条同时存在的,是当地人艰辛的生活。

在万斯的外祖父那一代,能够在大企业工作,就意味着稳定的收入与福利。年轻人对自己的期望并不高,身边人对他们的期望也不高,没有人到州外的大学去读书。当产业结构发生变化的时候,年轻人的工作技能没法适应现代经济,人们不得不在矛盾中挣扎起来。

> 挖掘并利用社会资产的人会胜出,而让资源闲置的人就如同瘸着腿和别人赛跑一样,而如何运用而不是闲置资源对我这样的孩子来说是个主要的挑战。

除了大环境之外,还有家庭环境。万斯的母亲在生活里是个"失败者",她吸毒,与丈夫离婚,男朋友换了一茬又一茬。万斯自小就要面对生活的百般动荡,习惯那些来来去去的"父亲们"。小小的他还学会了把自己的钱分藏在好几个地方,免得母亲或其他人发现了然后"借走",有些藏在垫子下面,有些藏在内衣抽屉里,有些在阿嬷家里。"我那时是一个苦不堪言的高二学生,永无休止的搬来搬去和争吵,再加上生活中那些我不得不一个一个遇到,然后学会喜欢,最后还不得不忘记的像旋转木马一样的人们。在通往机会的路上,真正的障碍是这些,而不是我那平均水平以下的公立学校。"

能在这样的生活里向前走的都是幸存者。

万斯能"幸存"的原因,是他有着其他爱他的家人,比如外祖父、外祖母。他外祖母脾气火爆,动不动就说要拿枪崩了谁(这句话确实唬住了很多人),但对他却特别照顾。在外祖父去世,母亲状况又那么差的时候,全靠外祖母微薄的收入抚养他。她给他提供住处,让他在动荡生活里有一个安稳的家,最重要的是,外祖母对他有着严格的要求。

当万斯想要在周末安排自己的生活,却因不得不上班心烦意乱的时候,外祖母告诉他,"如果你想要那种可以在周末与自己家人一起度过的工作,你就得去上大学,然后有所成就"。万斯说,外婆不是通过咒骂或者说教,而是向他展示了希望,并且给他指出了通往希望的路。这位看似凶悍的外婆,有着最深沉的生活智慧。在他的生活被父母搞得一塌糊涂的时候,正是外祖母的存在给了最坚定的支持,"只要我需要,那里总有一个安全的地方,总有一个深情的拥抱"。

高中毕业后,万斯选择加入海军陆战队,在那里学会的最重要的一项技能就是自律。带着这项技能,他退伍后进入大学读书。当时的状况是，他24岁了，却还在读大二。他只想着越快毕业越好，于是开始发疯读书，暑假上课、正常学期的全日制课时量翻倍、打工养活自己……有一年，才到2月份，他看看自己的日历，这一年的剩下日子，能睡4小时以上的天数是39天。

异常的艰辛换来的是优异的成绩，他用不到两年的时间在俄亥俄州立大学以最优秀的成绩获得双学位，进而申请耶鲁大学法学院继续深造。

日子到了这里并非一帆风顺，对于作者来说，幼年与少年时间生活中的种种困顿依然给他留下了后遗症。虽然他已经是一名成功的律师，但他说，如何面对成长路上经受的各种精神创伤，依然是他不断需要学习的内容。

看着J.D.万斯的自传，读着那些如过山车的生活情节，不由暗暗为他庆幸。很多人生关口都隐藏着让他沉沦、迷失的陷阱，好在他有亲人的爱与支持,这点微光指引着他踉跄向前,直至完全明白自己要什么,以及该如何努力获得。而很多跟他家非常类似的家庭,因为种种原因,可能至今仍在挣扎。

万斯说,如他及家人所经历的、在美国白人工人阶级中也非常典型的困境,并非任何一项政策或创新的措施所能解决,也不存在一般意义上的解决方案,"但是也许可以从点滴做起,帮助边缘人群"。因为这个群体的内心是渴求改变的,只是不知道该如何开始。

> **选书有道**
>
> 有一点可以确认,当我们对"精神虐待"、"冷暴力"的种种表现与成因越来越了解的时候,会慢慢催生解决之道,这本书的普及意义正在于此。

《冷暴力》:
看不见的伤害

法国精神分析专家玛丽-弗朗斯·伊里戈扬在上世纪末首次通过本书提出了"精神虐待"这个概念,虽然二十多年过去,"冷暴力"这个词已不算陌生,但有关它的种种细节,依然有待近距离认识。有评论说,"精神虐待是一种不折不扣的心理谋杀,这类现象比你想象中还要普遍",那这种心理谋杀到底是怎么进行的呢?

作者通过大量的案例,来剖析"冷暴力"的表现形式、成因等,案例中的语言、行为以及当事各方往还细节,可以很好地帮助人们来认识"冷暴力"。

"冷暴力"会发生在各种地方,职场、家庭、学校等都是这种虐待的高发场所,而家庭里面,又可分为伴侣间以及父母与子女间的冷暴力。

如夫妻间的精神虐待,往往受虐者并不知道自己遭遇了冷暴力,甚至还在苦思冥想为什么自己与另一半之间的相处总是那么艰难,却不知这就是施虐者故意所为。夫妻间有一方若有控制欲,另一方又过于忍让,精神虐待就会发生。有的案例中,即便夫妻双方已经分手,虐待还在继续,比如,在子女面前中伤另一半,用谎言、无中生有去攻击另一半等。

家庭中另一种可怕的冷暴力发生在父母与子女之间。"施虐的父母并不会真的动手杀死孩子,只是会不断贬损他的人格,直到孩子变得一文不值,宛如不存在。"父母有意无意地排斥子女,摧毁子女的自信,"在某些家庭,没有爱是一种系统化的虐待,重击着孩子,使他生不如死。那不仅是缺乏爱,更是有计划的暴力,孩子不但要

> 父母责备子女笨手笨脚,反而会使他们更不灵光距离,父母的理想越来越远,孩子不是因为笨拙而被贬低,而是因被贬低而变得笨拙。

忍受,还会将其内化,以致把加之自身的暴力转化为自我伤害的行为"。而这种环境下长大的孩子,内心都会有极难恢复的伤痛。

在"精神虐待"的案例里,施虐者的方式,常常是一些语言上的暴力,比如用讽刺、挖苦、羞辱的方式跟人说话,或者就是在对话中,无中生有、胡编乱造,而一旦受虐者认真解释,就用变本加厉的方式来攻击对方。或者,索性就采取沉默、无视的方法,使受虐者完全不知道该怎么办。

往往受虐者越是真诚,越是想沟通,就越是会掉进施虐者的陷阱,因为施虐者根本不跟人讲道理。在这种情况下,受虐者很容易将压力转变成对自身的伤害。在作者接触的案例中,有很多受虐者在关系中断之后,还一直深陷痛苦,完全不能理解为什么自己总是被误解,总是被伤害,甚至逐渐产生对自我能力、品格的怀疑。

作者认为,施虐者往往是无症状的精神病患,把自己感觉不到的痛苦强加给别人身上以获取平衡，而受虐者往往是特别喜欢为别人付出，也很愿意在自己身上寻找不足的人，恰恰是这个其实非常正面的特点被施虐者抓住，反复加以利用。

"冷暴力"还有一个特点是很难举证。这种虐待与身体直接受伤不同，身上并没有伤痕，但却造成精神受挫，从而导致身心俱疲，日复一日，恶性循环。施虐者往往通过虐待行为释放了自己的压力，从而让旁人觉得他心平气和，状态甚好，反倒是受虐的一方，由于身处说不清道不明的精神压力中，稍有不慎，就容易被人误解是闹事的一方。

职场上也有"冷暴力"存在，来自上司或同事的挑衅、污名化，并非个案。有的上司拒绝与属下直接沟通，导致受虐者的信心每日受挫，陷入不可名状的痛苦与自责；有的上司则是采取孤立某位下属的方式，而一旦上司释放这种信息，同事也会跟进，这种欺凌也是"冷暴力"的一种,最终可能导致受虐者不得不离开这家单位。当然,精神虐待不只是发生在上司与属下之间,属下与上司、普通同事之间,都会发生这种虐待,只不过上司对属下,更有着天然的威胁与伤害力。

作者提出,一旦发觉有可能遭受精神虐待,首先的反应是要保持冷静,该做记录的要做记录,其次是要理性地脱离受虐环境。后者在职场上可能比较方便解决,在家庭中,却很难实现。也有案例是,离开后,虐待依然如"附骨之疽"紧随不放。作者也坦陈,诉诸法律基本是唯一的方法,只是依然存在不少障碍,比如立法是否完善,以及证据如何收集、认定。

带有一点无奈,二十年前的作者说,受虐者一定要保持心理的强大,以足够的定力来应对自己遭受的精神虐待,并且无论虐待给自己带来多少阴影,"我们强烈建议受虐者不要自暴自弃"。这对受虐者个体当然是一个不低的要求。

　　时至今日，情况又有多少好转呢？有一点可以确认，当我们对"精神虐待"、"冷暴力"的种种表现与成因越来越了解的时候，会慢慢催生解决之道，这本书的普及意义正在于此。

> **选书有道**
>
> 漫才不属于能想象出有意思东西的人,而属于愿意展示毫无遮掩的真实人性的人。换句话说,太聪明的人做不到。只有真正的傻瓜,坚信自己的信仰有价值的傻瓜,才能成为漫才师。

《火花》:
哪怕是火花也要畅快燃烧

这本书的作者叫又吉直树,是 2015 年日本芥川文学奖的得主,然而他并不是职业作家,而是一位漫才艺人。漫才,有点像中国的对口相声,由两人表演。每对组合风格各异,以他们的独特视角捕捉世间万象。这部作品的主人公正是一群梦想当一个好漫才师的年轻人。

主人公德永高中毕业,从十八岁起就立志成为漫才艺人。在"花火大会"现场遇见了漫才神谷,当时德永刚结束自己糟糕的表演,而神谷的表演紧随其后,那表演也不算成功,但神谷在过程中表现出来的毫无戒备的纯真,一下子打动了德永,甚至让后者产生了崇拜之情，拜其为师。

从此，两人展开了为期十年的交往，并且，随着两人交情的加深，神谷对作者的影响越发明显。

有一次他俩走在公园里，遇见一个青年，身边有一个形似太鼓的乐器，但青年却表情漠然，木木呆呆。神谷完全不顾周围有没有人，大声鼓励那位青年敲起来，自己也在旁边手舞足蹈，"青年……节奏变得越来越快，已经进入了连击的境界，这时，神谷先生一边继续用右脚打拍子，一边把右手往前伸……男青年察觉后，逐渐放慢了节奏……男青年固定住了节奏，再次埋头于演奏……"整个过程，神谷几乎就是指挥家，不知不觉，周围观众越来越多，而神谷却悄悄离开人群，把热闹留在了身后。

事后他说，男子如何得到这个乐器的，不得而知，但他应该为了世界赌上自己的人生，尽情地击打乐器；言下之意就是，既然要

> 只有敢站到遍布风险的舞台上，全心全意为颠覆世俗常规而勇于挑战的人，才能成为真正的漫才师。只要明白这一点，那就足够了。长时间地经历这种无谋划的挑战，我已经得到了自己的人生。

敲鼓，就要把它敲好。

还有一回，两人也是走在公园里，遇到婴儿在哭，德永用常见的逗孩子笑的方式来逗，神谷却脸色凝重地看着这一切，他觉得德永不该用简单的方法，即便是逗孩子这件事，都应该认真对待，拿出自己的专业态度来。德永说，"对比神谷先生不顾一切地贯彻自己的风格，有时我觉得自己反倒是一个轻薄的人了"。

神谷这样的人，从未轻视自己所站的舞台，但生活开始回报他的东西却是寥寥。他与德永在很长一段时间里，经济状况堪忧，买罐水都需要摸遍口袋去找钱。神谷一度住在女朋友家，两人分手后，他投靠过很多熟人，后来好不容易找到了一个极为便宜的住所。虽然表演会有一些微薄的收入，但生活总体入不敷出。

漫才艺人之间的竞争是很激烈的，除了演出，他们也会获得上电视节目的机会，而一旦在电视上表现出色，意味着会带来更多的演出机会。他们同时代有一名叫作"鹿谷"的漫才艺人,用德永的话说,自从上了谈话节目,就被大牌主持人发现,鹿谷是最佳的玩具,不管做什么都是最后一名,也就被所有人需要,他在综艺节目里比谁都哭得多,也比谁都笑得多。鹿谷的可爱相,让所有观众都喜欢。神谷的搭档有一次看着电视里的鹿谷说,"我们表演了近一百个段子,大概在鹿谷诞生的瞬间就被彻底超越了"。

神谷尽管从没上过这种综艺节目,尽管境遇依然很差,但他依然在漫才师的路上狠命朝前走,依然对自己的漫才艺术非常苛刻,若干年后,当他与德永再见的时候,他甚至进入了一种"走火入魔"的状态。虽然令人悲伤,但这正是神谷的执着所致。

德永说,自己想当一个像神谷这样有意思的艺人,无论在什么状况下,无论哪个瞬间,都要有意思。我理解他所说的这个"有意思",应该不是综艺节目中的搞笑,而是漫才师对自己在艺术上的苛刻要求，就是永远不满足于当下的表演形式，永远在寻找新的表现手法。

又吉直树在写神谷的故事，又何尝不是在说他自己，他跟自己的搭档在漫才的舞台上也是艰苦跋涉，一度拆伙，各自为生计奔波，调整了很长时间之后，才又继续演出。

其实德永这个人也是很有意思的，他与神谷最初相遇，神谷就让他给自己写传记，还说，德永虽然口才不算好，但有一双静静观察的眼睛，适合写传记。没想到，在跟神谷相处的这些年里，德永真的做了二十来本笔记，记录他们的生活与漫才生涯，所以，他也是一位"既然做，就要把它做好"的人。

一本为漫才师树碑立传的作品获得芥川文学奖应该是意料之外的事。对漫才师来说，他们在做的，可能是一件没必要的事，他们可能是在挑战一件也许不出成果的事，这是一种怎样的人生？对神谷与德永这样的人来说，大概这么做至少不会辜负自己，会让自己心安吧。

德永心中最有意思的人是神谷，而神谷先生眼里觉得有意思的，则是自己从未说过的段子，尚未表达出的想象——这种永不满足，真是活得畅快。

> **选书有道**
>
> "好读"是对一部作品很高的赞赏,但是,好读的小说,旁人想要说清楚它好读在哪里,反倒是一件困难的事。作者能把"只可意会不可言传"的东西讲清楚,这份功力,深不深?

《小说课》:
一堂与众不同的解剖课

常常有人问,怎样的书才好看?选书的标准因人而异,有些感觉恐怕只能意会不能言传,但好作品并非全然没有标准。作家毕飞宇给出了他的观点。这些文稿来自他在多所大学开设的讲座,集结成书,便是《小说课》。

他有如庖丁解牛,把小说解剖给人们看。

毕飞宇提到的第一部小说,是蒲松龄先生的促织。这篇小说只有1700字,就是几条微博的体量,在他眼里,却是伟大的史诗。他的原话是,读这部作品,"犹如看苍山绵延,犹如听波涛汹涌"。那么,苍山是如何绵延的,波涛又是如何汹涌的呢?这就是毕飞宇的小说课要告诉大家的。

  他做了细细的解说,有一处,特别好。小说主人公的儿子因为调皮,把促织打死了,父亲很生气,孩子后来跳井身亡,父母二人当然非常悲伤,悲伤到什么程度呢?"夫妻向隅,茅舍无烟。"人在最悲伤的时候是说不出话来的,夫妻二人在最绝望的时候,根本没有烧饭做菜的心思。作家说,"死一般的寂静,寒气逼人。是等死的人生,一丁点烟火气都没有了,一丁点的人气都没有"。他说,这是小说呈现的马里亚纳海沟,但是到这里就结束了吗——结束了就没有好作品了,怎么让故事从最低谷反弹,是很有讲究的。《促织》这部作品伟大在每个起承转合都峰回路转、荡气回肠,每个转折都在把故事推向最后的结尾,用一个看似荒诞实则充满批判性的结尾来结束整个作品,一个字的浪费都没有。

  好的小说,文字是干干净净的,关于这一点作者还特别写到

> 小说是公器。阅读小说和研究小说从来就不是为了印证作者,相反,好作品的价值在激励想象,在激励认知。仅仅从这个意义上说,杰出的文本是大于作家的。读者的阅读超越了作家,是读者的福,更是作者的福。只有少数的读者和更加少数的作者可以享受这样的福。

了汪曾祺的作品《受戒》。他形容这部作品,"简单、明了、平白如话,十分的好读"。有时候,"好读"是对一部作品很高的赞赏,但是,好读的小说,旁人想要说清楚它好读在哪里,反倒是一件困难的事,作者自己也承认,有的小说,文字看着是大白话,一切都一览无遗,但它有特殊的味道,特别讲不清楚。不过我倒是觉得,反过来说,作者能把"只可意会不可言传"的东西讲清楚,这份功力,深不深?

他在《小说课》里提到了《水浒》的林冲夜奔,也写到了鲁迅的《故乡》,莫泊桑的《项链》,这些都是大家比较熟悉的篇目章节,但那么熟悉的篇目,仍有许多细节是被我们忽视了的,被毕飞宇一说,那种感觉,仿佛是,天天相见的熟人,经人一提醒,才觉出他真正的好来。

我很喜欢他对海明威的短篇小说《杀手》的分析,如果单看这个短篇,说不定读者的第一感觉是,不是特别看得明白——因为这部作品里,人物的动作、人物的语言,暗藏的心机太多了,海明威仿佛在跟读者较劲似的,偏不说明白,等读懂的人"入吾彀中"。毕飞宇把其间看不见的刀光剑影一一摆上桌,仿佛是把这部作品翻译了一遍——翻译成大白话,把躲在文字之间的意思说出来,把被海明威藏在水下的"冰山"亮给大家看。毕飞宇说,所谓学习写作,就是在学习阅读,阅读的能力越强,写作的能力就越强。站在这个角度,他用作家的丰富经验和非凡天赋将好作家的好作品"翻译"给读者,教人阅读好的作品,当真是一堂认认真真的小说课。

  毕飞宇有一个观点尤有共鸣,他说,语言是这个世界上最为特殊的模仿,所有的奥妙就在词语与词语之间的组合。它是千变万化的和光怪陆离的。他说他常会读一些自己读不懂的东西,比如《时间简史》。据说毕加索也有一个爱好,爱读爱因斯坦。"当我读爱因斯坦写的一本物理书时,我啥也没弄明白,不过没关系:它让我明白了别的东西。"

这简直是对阅读最好的注解。阅读到后来的奇妙境界不是"读懂了",而是"明白了别的东西"。我在看《小说课》时,常被他精妙的分析吸引,但让我大为赞叹的,是这句话。

最后我想说,虽然每个人寻找自己喜欢的作品的方式不一样,更多时候是靠自己多年阅读养成的直觉与经验来形成判断,而且,通过分析作品好坏来指导阅读的,也大有人在,但为什么毕飞宇的分析,特别值得一读?因为他自己就是非常好的小说家。小说家看小说家,就好比好诗人翻译好诗作总是特别有味道,而好厨师去吃其他名厨的菜也特别能说出道理来一样,这个门道,是不一样的。

后记

不知不觉,写了一年多的读书笔记。

以往读书,读便读了,要写成笔记,自然要多费功夫。于是这一年,常在下班后、盯完孩子功课后、等孩子入睡后,写起字来。读书的时间,写字的时间,都是从生活与工作的夹缝中挤出来的碎片。齐邦媛在《巨流河》里说,她常是在菜场、煤炉、奶瓶、尿片中偷得几小时读书,很幸福。我有同感,但也想,明明生活的连轴转,会让人有几分狼狈,为什么还会产生幸福感呢?

读书人在书的王国里大约都各有幸福路径,各有景致。我会想象这样的场景:生活的重负,在书里被别的东西消弭,而读书的种种体会,也在真实世界里或被印证或被抚慰。两个世界彼此相通,时而共振、时而相互消解,足以让人偷着开心,仿佛掌握了世上最神奇的秘辛、往来不同空间的魔法钥匙。

于我来说,读书是安放心神的最好方式。那些在书里遇见的丰厚灵魂,有世上最深沉的吸引力,那片空间之辽阔,放得下所有的悲与喜。自己可以掌握自己,这种感觉,当然幸福。

感谢先生,总是在我要挤时间看书写字的时候,变身"陪娃达人";感谢始终在鼓励此书出版的好友们,整个过程,让我觉得有意思极了。

书单更新,这确实是件令人愉悦的事。